JN436661

성경대탐험

구약 ❼권

성경이 이끌어 가는 목회지침서

성경 대탐험

구약 7권

열왕기상·열왕기하

배국순 목사 지음

The Old Testament 1 Kings · 2 Kings

요단
JORDAN PRESS

성경대탐험에 초대합니다!

우리는 성경이 살아계신 창조주 하나님의 감동으로 기록된 하나님 말씀임을 믿습니다. 그리고 이 말씀이 우리 삶을 교훈과 책망과 바르게 함과 의로 교육하여 구원과 영원한 생명으로 인도하심을 믿습니다.

성경대탐험은, 초등학생부터 장년에 이르기까지 모든 성도가 매일 성경을 한 장씩 읽고 문제를 풀고, 말씀을 묵상 적용하는 시간으로 성경 66권 전체를 배우는 과정입니다.

① 한 주간의 분량(다섯 장) 중 1장을 주일 오전 설교를 통해 강해합니다.
② 주일 저녁 또는 오후예배 시간에 남은 네 장을 강해합니다. 그동안 성경을 읽으며 궁금하던 주제들이 하나님 말씀을 통해 이해되고 하나님의 뜻을 발견하게 됩니다.
③ 새벽기도를 통해 하루 한 장씩, 좀 더 깊게 본문을 이해하게 됩니다.
④ 가정예배 또는 개인 QT 교재로 사용하여 문제를 풀고 묵상과 적용과 기도의 시간을 갖도록 합니다.
⑤ 위의 자료를 영상(홈페이지 또는 유튜브)으로 준비 제공하여 모든 성도가 훈련을 공유하고 공동체가 함께 성장하도록 돕습니다.

성경대탐험을 통해 개인의 삶과 가정과 교회 공동체에 말씀이 흥왕하게 되면, 하나님만이 하실 수 있는 크고 놀라운 일들이 부흥이라는 이름으로 분명히 나타날 것입니다(사도행전 6:7).

에스라가 여호와의 말씀을 공부하고 지키며 온 이스라엘에 가르치기로 결심하고(에스라 7:10) 전하자 온 이스라엘이 그 가르침을 준행하기로 맹세하여 새 역사를 맛보았던 것처럼(에스라 10:5), 매일 하나님의 말씀을 한 장씩 읽고 공부하고 실천하면서 가르치기를 결심하는 우리에게도 같은 회복과 축복과 능력이 임할 것입니다.

성경대탐험을 통해 살아계신 하나님을 만나고, 하나님께서 나를 위해 준비하신 보물창고에서 값진 생명의 보화들을 꺼내어 맘껏 누리는 축복을 기대합니다.

배 국 순 목사

• 배국순 성경대탐험 바이블 목회연구원
• 송탄중앙침례교회 원로목사

훈련참여안내

주제성구 • 에스라 7:10

"에스라가 여호와의 율법을 연구하여 준행하며 율례와 규례를 이스라엘에게 가르치기로 결심하였더라."

▶ 에스라는 여호와의 율법을 연구(공부)하기로 결심했습니다.

▶ 에스라는 여호와의 율법을 준행하기로 결심했습니다.

▶ 에스라는 그 율례와 규례를 이스라엘에게 가르치기로 결심했습니다.

▶ 온 이스라엘이 가르침을 준행하기로 맹세했습니다(에스라 10:5).

▶ 성경대탐험을 시작하는 성도에게 성령님의 가르치심이 있을 것입니다.

▶ 성령님을 의지하고 끝까지 포기하지 말고 공부하십시오.

▶ 가정예배 또는 개인 QT 교재로 사용하면 더욱 좋을 것입니다.

▶ 말씀이 흥왕하여 능력이 더하는 가정과 교회로 주님이 세워 가실 것입니다.

훈련 참여 방법

▶ 주일 오전과 저녁(오후) 예배를 통해 한 주간 분량의 말씀을 듣습니다.

▶ 새벽기도 참석 또는 영상과 음성으로(PC, 모바일) 다시 말씀을 공부합니다.

▶ 한 주간(월~금) 매일 1장씩 다시 성경을 읽고 문제를 풀어보고 적용하고 기도합니다.

*혼자 성경을 공부하기 힘든 분들은 교회 도움을 받을 수 있습니다.

훈련에 임하는 약속

"모든 성경은 하나님의 감동으로 된 것으로 교훈과 책망과 바르게 함과 의로 교육하기에 유익하니 이는 하나님의 사람으로 온전하게 하며 모든 선한 일을 행할 능력을 갖추게 하려 함이라."

· 디모데후서 3:16-17 ·

나는 성경이 하나님 말씀임을 믿으며 나 자신을 말씀으로 훈련하겠습니다.

- 하나. 나는 매일 성경을 한 장씩 읽겠습니다.
- 하나. 성경을 읽고 문제를 풀고 적용하고 기도 하겠습니다.

주후 20　　년　　월　　일

약속자: ________________ (서명)

Contents

열왕기상

1 Kings

열왕기상에 두 가지 중요한 신학적 주제가 있습니다.
첫째. 하나님 언약에 불순종하고 우상숭배에 빠지면 개인과 국가에 분열이 일어나고 멸망하지만, 하나님 언약에 충성된 사람들은 하나님이 약속하신 하나님의 선하신 은혜와 복을 누렸습니다(15:9-15, 22:42-43).
그러나 열왕기상 역사에서 충성된 사람의 기록보다 불순종한 사람들의 기록이 더 많았습니다.

둘째, 인간의 불순종과 실패에도 불구하고 하나님은 자신의 목적을 계속 수행하셨습니다. 하나님께서 아브라함과 다윗과 맺으신 언약에 충실하셨습니다.
사람은 계속 실패했지만, 하나님은 사람의 실패에도 불구하고 자신의 언약을 성취하셨습니다.

열왕기상 개요
1. 솔로몬왕의 통치(1~11장)
2. 여로보암 왕조의 통치(12:1~15:32)
3. 바아사 왕조의 통치(15:33~16:14)
4. 무정부 상태(16:15~22)
5. 오므리 왕조의 통치(16:23~22장)

사울과 다윗 통일왕국 시대가 솔로몬왕 이후로 분열 왕국 시대로 이어지고 있습니다. 열왕기서는 남 유다 왕국과 북 이스라엘 왕국 역사를 차례대로 설명하고 있습니다.
열왕기상 역사를 공부하면서 하나님 언약에 충성된 종들이 되길 바랍니다.

열·왕·기·상

1장

본문 소개

다윗은 노년에 접어들어 죽음을 앞두고 있었습니다. 하나님께서는 다윗의 후손에게 영원한 왕위를 약속하신 언약에 따라 솔로몬을 왕으로 세우게 하셨습니다. 솔로몬은 이스라엘 역사상 가장 번영한 황금기를 이끈 왕이었습니다. 다윗은 아들 아도니야가 반역을 일으킨 가운데 솔로몬을 왕으로 지명하고 이스라엘과 유다 앞에 기름 부어 왕으로 세웠습니다.

1. 늙은 다윗(1:1-4)

다윗은 자신의 죄의 결과로 인생 후반부에 자녀들로 인한 고통을 겪게 되었습니다. 엘리 제사장도, 사무엘도 아들들로 인해 아픔을 겪었습니다. 다윗의 환란은 아직 끝나지 않았습니다. 그는 암몬, 압살롬에 이어 아도니야의 반역을 목격해야 했습니다. 신하들은 몸이 차가워지는 다윗을 위해 젊은 여자 아비삭을 선발하여 왕을 간호하며 모시게 했습니다.

2. 아도니야 반역(1:5-10)

아도니야는 다윗의 넷째 아들입니다. 장자 암논은 셋째 압살롬에 의해 죽었고, 압살롬도 반역했다가 요압에 의해 사망했으며, 둘째 길르압은 일찍 죽은 것으로 추측합니다. 아도니야는 왕권 계승 순서가 자신에게 있다고 생각하며 스스로 왕이 되려는 행동을 시작했습니다(5절).
아도니야는 요압 장군과 아비아달 제사장의 지지를 받으며 왕의 즉위식 같은 파티를 열었습니다. 솔로몬 지지자인 선지자 나단과 브나야 장군과 동생 솔로몬은 파티에 부르지 않았습니다.

3. 나단과 밧세바(1:11-31)

선지자 나단과 솔로몬의 어머니 밧세바가 솔로몬을 이스라엘 왕으로 세우는 일에 함께했습니다. 선지자 나단이 밧세바에게 다윗을 찾아가도록 한 후에 자신도 뒤이어 다윗에게 들어가 다윗으로 하여금 하나님 언약에 따라 솔로몬을 이스라엘 왕으로 선포하게 했습니다.

4. 솔로몬왕 즉위식(11:32-53)

다윗은 선지자 나단, 제사장 사독, 장군 브나야를 불러 솔로몬왕 즉위식을 명령했습니다. 다윗의 전용 노새에 솔로몬을 태우고 기혼 샘에 가서 이스라엘 왕으로 기름을 붓고 '솔로몬왕 만세'를 외치게 했습니다.
아도니야의 파티는 중단되었고 반역에 가담했던 사람들은 흩어졌으며, 아도니야는 제단 뿔을 잡고 솔로몬에게 목숨을 구걸하게 됩니다. 나단과 밧세바의 도움으로 솔로몬이 다윗을 이어 이스라엘 왕으로 세움을 받았습니다.

성경 공부

문제❶ 아도니야와 모의하여 왕으로 세우려 했던 사람들은? (1:7~8)

문제❷ 아도니야가 모의 장소에 초청하지 않은 사람은? (1:9~10)

문제❸ 솔로몬을 왕으로 세우기 위해 주도적인 역할을 한 선지자는? (1:11~31)

문제❹ 다윗은 솔로몬을 왕으로 세우라고 누구에게 명령합니까? (1:32~35)

문제❺ 왕이 된 솔로몬 앞에서 아도니야가 했던 행동은? (1:49~51)

오늘의 묵상

다윗의 마지막이 가까웠고, 신하들은 다윗을 돌보도록 젊은 여인을 택합니다. 아들들로 인한 고통이 아직 끝나지 않았습니다. 아도니야는 스스로 왕이 되기 위해 모의하지만, 선지자 나단에 의해 아도니야의 계획은 깨지고 솔로몬이 왕으로 기름 부음을 받고 즉위식을 합니다.
하나님은 그분의 사람들을 통해 뜻을 이루어가십니다.

오늘의 적용

하나님의 뜻은 말씀 안에 있습니다. 나는 하나님의 뜻을 잘 알고 행합니까?

오늘의 기도

하나님 말씀을 읽고 순종하여, 하나님 뜻이 이루어지도록 하겠습니다.

열·왕·기·상

2장

본문 소개

솔로몬을 왕으로 세운 후에 다윗은 죽어 장사 되었습니다. 다윗의 죽음 이후 솔로몬의 왕권이 견고해지고 솔로몬은 아버지 유언을 따라 다윗에게 해를 끼친 사람들에게 하나님의 공의를 행했습니다. 정치적 보복은 아닙니다. 다윗은 그동안 정치적 혼란 중에 적절한 기회를 찾지 못했다가 이제야 지시를 내린 것입니다. 하나님은 공의로우신 분이며 행위대로 갚으시는 분이십니다. 우리는 자기 행동에 대한 책임을 져야 합니다.

1. 다윗의 죽음(2:1-12)

다윗은 죽기 전에 솔로몬에게 유언을 남겼습니다. 신명기 언약에 따라 솔로몬에게 "너는 힘써 대장부가 되라. 하나님의 율법대로 순종해라. 율법에 순종하고 진실하게 행하면 하나님이 너를 형통하게 하실 것이며 다윗의 왕조를 영원히 보존하실 것"을 명령했습니다.

다윗은 솔로몬에게 세 가지를 부탁했습니다. 첫째. 군대 장관 요압이 무죄한 자의 피를 흘린 것에 대하여 지혜롭게 보응 하라(삼하 3장, 20장). 둘째. 바실래의 친절에 대해 그 아들들에게 보응 하라(삼하 17:27-29). 셋째. 다윗을 저주했던 시므이에 대해 보응 할 것을 명령했습니다(삼하 16:5-14, 19:16-23).

2. 다윗의 유언(2:13-46)

다윗을 장사 지내고 솔로몬왕의 권세는 안정되어 갔습니다. 솔로몬은 먼저 하나님의 뜻을 거역하고 악하게 행동했던 사람들을 처리했습니다.

❶ 아도니야 처형(2:13-25). 아도니야는 왕이 될만한 사람이 아니었습니다. 그는 밧세바를 찾아와 다윗을 수종 들었던 아비삭을 아내로 달라고 요청했습니다. 이러한 아도니야의 행위는 압살롬이 반역한 후 아버지의 아내들을 왕궁 옥상에서 수치스럽게 한 행동을 닮았습니다. 솔로몬은 아도니야를 처형했습니다.

❷ 아비아달과 요압(2:26-35). 제사장 아비아달은 추방되고 엘리 가문에 대한 예언이 모두 성취되었습니다(삼상 2:27-36).
요압은 처형되었습니다. 그가 과거에 행한 무죄한 자의 피를 흘린 것과 하나님의 뜻을 알면서도 의도적으로 대적하여 아도니야 반란에 가담한 것에 대한 하나님의 처벌이었습니다.

❸ 시므이 처형(2:36-46). 솔로몬은 시므이를 불러 예루살렘을 떠나지 말라고 경고했으나 3년 후에 시므이가 경고를 어기자, 그를 문책하고 처형했습니다. 모든 것은 심는 대로 거두게 됩니다.

문제❶ 다윗이 아들 솔로몬에게 남긴 형통의 비결은? (2:1~4)

문제❷ 다윗이 요압의 행위에 대해 보응 하라고 유언한 이유는? (2:5~6)

문제❸ 다윗이 솔로몬에게 은총을 베풀라고 한 사람은? (2:7)

문제❹ 아도니야의 왕권을 솔로몬에게 주신 분은?

문제❺ 시므이가 벗어나면 안 되었던 도시의 이름은? (2:36~46)

오늘의 묵상

다윗은 솔로몬에게 몇 가지의 유언을 남깁니다. 가장 중요한 것은, 하나님 말씀을 따라 순종하며 사는 것으로, 그것이 다윗과 언약하신 왕조를 영원히 이어가는 비결이었습니다. 그리고 악한 자의 행위와 선한 자의 행위에 따라 처벌하고 보상하여 하나님의 공의를 이루도록 명령합니다. 하나님은 사람의 행위대로 공의를 행하십니다.

오늘의 적용

하나님의 공의 앞에서 현재의 나는 어떤 판결을 받을 것 같습니까?

오늘의 기도

하나님께 순종을 심고 약속을 받게 하옵소서.

열·왕·기·상

3장

본문 소개

3장에서 11장까지 솔로몬왕의 성공과 실패를 기록하고 있습니다. 3장에서 솔로몬은 하나님의 지혜를 선물로 받았습니다. 솔로몬은 하나님이 주신 지혜로 인해 부와 영화를 누리며 하나님의 성전을 건축하게 됩니다. 또한 솔로몬으로 우상을 섬기게 만든 이방인 아내 문제도 본문에 기록되었습니다. 하나님의 지혜는 솔로몬을 높이 세우셨지만, 이방 여인들은 무너뜨렸습니다.

1. 솔로몬의 핵심(3:1-3)

솔로몬왕의 인생을 해석하는 핵심 사항 세 가지를 볼 수 있습니다.

❶ 애굽(이집트) 왕 바로의 딸과 결혼–솔로몬은 애굽 왕 바로의 딸과 결혼함으로 국제적 동맹을 맺었으나, 이러한 이방 결혼은 훗날 그의 신앙을 위협하는 요소가 됩니다(열왕기상 11:1-8).

❷ 국가 건축 사업–왕궁과 성전. 건축 순서가 왕궁 그다음이 성전이었습니다. 왕궁이 성전보다 두 배 더 시간이 걸렸습니다.

❸ 산당 제사–하나님을 사랑하고 다윗의 법도에 순종했지만, 산당에서 제사를 드리는 오점을 남겼습니다(15:14, 22:43).

2. 솔로몬의 소원(3:4-15)

여호와의 성막과 번제 단은 기브온에 있고 법궤는 예루살렘에 있었습니다(대하 1:5-6). 솔로몬은 1천 마리 제물을 하나님께 바쳤습니다. 하나님이 꿈에 나타나 “무엇을 줄꼬?” 물었을 때 지혜, 분별하는 마음을 구했습니다.

하나님은 솔로몬이 요구한 지혜에 대해 매우 기뻐하시며, 구하지 아니한 세 가지를 더해주시겠다고 하셨습니다. 부귀와 영화, 장수의 복입니다. 또한 지식과 물질, 건강의 복을 약속하셨습니다.

3. 솔로몬의 지혜(3:16-28)

솔로몬의 지혜는 전에도 없고 후에도 없는 최고의 지혜였습니다. 하나님의 성전을 짓는 사람에게 가장 필요한 것은 하나님의 지혜였습니다.

솔로몬은 아이의 죽음을 둘러싼 두 창녀의 소송을 통해, 그가 얼마나 뛰어난 지혜를 가진 왕인가를 보여주었습니다. 실수로 아이를 죽인 여인이 다른 여인의 아이와 바꿔치기 한 사건을, 솔로몬은 하나님이 주신 지혜로 해결했습니다. 어머니의 모성애를 통해 사건의 진실을 해결함으로 사람들은 왕을 두려워했습니다.

이제 솔로몬은 하나님이 주신 지혜를 가지고 공평과 정의로 백성들을 통치하게 되었습니다(3:9). 오늘 우리도 지혜가 필요할 때 하나님께 구해야 합니다. 하나님은 지혜를 구하는 자를 가장 기뻐하시기 때문입니다(약 1:5).

문제❶ 솔로몬이 1천 마리의 제물을 드린 곳은? (3:3~4)

문제❷ 솔로몬은 여호와께 자신이 어떤 존재라고 고백합니까? (3:7~8)

문제❸ 솔로몬이 꿈에 자기에게 나타나신 여호와께 구한 것은? (3:5~15)

문제❹ 죽은 아이 재판을 위해 솔로몬에게 나아온 사람은? (3:16)

문제❺ 솔로몬의 판결을 본 사람들이 왕을 두려워한 이유는? (3:28)

오늘의 묵상

솔로몬왕의 인생을 해석하십니다. 1천 마리로 하나님께 제사를 드린 솔로몬에게 하나님이 복을 주십니다. 솔로몬이 지혜로 백성들에게 공의로운 재판을 하자, 솔로몬의 지혜가 하나님이 주신 지혜인 것을 백성들이 알게 됩니다.

여호와를 아는 것이 지혜의 근본이기 때문입니다.

오늘의 적용

내 안에 하나님이 계심을 어떻게 나타내고 있습니까?

오늘의 기도

제게 하나님을 사랑하는 마음과 하나님을 아는 지혜를 가득하게 하옵소서.

열·왕·기·상

4장

솔로몬이 하나님의 지혜로 판결하는 것을 백성들이 보았습니다. 솔로몬은 하나님의 지혜로 국가를 조직하고 효율적인 인재 관리로 국가의 번영과 국제적 명성을 이룩했습니다.
솔로몬의 지혜 통치는 백성들의 재판과 국가 운영에서 체계화되었고, 하나님이 더 많은 지혜를 주시자, 천하의 사람들과 왕들이 그 지혜를 들으려고 솔로몬을 찾아왔습니다.

1. 솔로몬 국가조직(4:1-19)

국가 운영에 필요한 조직을 세웁니다. 솔로몬은 그 조직을 ① 국무위원들(4:1-6) ② 열두 지역을 다스리는 장관들(4:7-19)로 나눴습니다. 열두 지역을 다스리는 장관들은 왕과 왕실을 위해 일 년에 한 달씩 양식을 공급하는 책임을 맡았고, 솔로몬은 열두 지역 장관을 세운 후에 능력에 따라 더 넓은 지역을 맡겼습니다. 여호수아와 다윗이 정복한 거룩한 약속의 땅을 솔로몬이 하나님의 지혜로 완벽하게 통치하고 있었습니다.

2. 이스라엘 번영(4:20-28)

솔로몬의 지혜 통치로 이스라엘과 유다 인구가 급증했습니다. 아브라함에게 주신 언약대로 인구가 급증했으며 이스라엘은 풍요로움을 누렸습니다.

❶ 국제적 지위(4:21-25). 이스라엘이 누린 풍요는 주변 국가에서 거둬들인 조공 때문이었습니다. 다윗이 정복한 이후부터 계속 조공을 바친 것으로 보입니다. 왕궁의 하루 음식물 양을 계산하면, 솔로몬 왕궁에서 거주한 사람들은 적으면 1만 4천 명에서, 많게는 약 6만 명 정도로 추정합니다.

❷ 솔로몬 군대(4:26-28). 솔로몬은 큰 규모의 군대를 거느리고 있었습니다. 전차를 끄는 말을 돌보는 마구간 4만 칸과 군마(마병) 만 이천 필을 갖고 있었습니다. 하나님은 왕이 많은 말을 갖지 말 것을 경고하셨으나(신 17:14-20), 솔로몬이 통치하는 이스라엘 군사력은 강력했습니다.

3. 솔로몬 명성(4:29-34)

하나님은 솔로몬에게 계속 '지혜와 총명과 넓은 마음'을 바닷가 모래처럼 부어주셨습니다.

솔로몬의 지혜는 당대의 모든 지혜자보다 더 뛰어났다고 평가했습니다(30절). 솔로몬은 잠언 3천 가지, 1,005편의 노래, 자연, 동물, 식물에 대한 해박한 지식을 가졌습니다. 하나님은 솔로몬에게 최고의 지혜를 주셨습니다(약 1:5).

성경 공부

문제❶ 솔로몬 왕국의 제사장, 군사령관, 노동 감독관을 맡은 사람은? (4:1~6)

문제❷ 솔로몬의 지혜 통치로 하나님의 어떤 약속이 성취됩니까? (4:20)
(참조 : 창 22:17)

문제❸ 솔로몬의 영화를 보여준, 하루 사용된 식재료의 양은? (4:22~23)

문제❹ 솔로몬의 지혜가 당시 누구보다 뛰어났다고 평가합니까? (4:29~30)

문제❺ 솔로몬의 지혜와 지식은 어느 정도였습니까? (4:32~33)

오늘의 묵상

솔로몬은 하나님이 주신 지혜로 나라를 효율적으로 다스리기 위한 조직을 만듭니다. 솔로몬이 지혜로 다스리자, 백성의 수가 늘어나 아브라함에게 하신 언약도 성취됩니다. 또한 주변 나라로부터 조공을 받게 하심으로 하나님이 약속하신 부도 주십니다. 솔로몬은 모든 지식에도 통달했습니다.

하나님의 지혜가 솔로몬 지혜의 원천이었습니다.

오늘의 적용

하나님을 아는 것이 지혜와 지식의 근본이라는 말씀을 믿습니까? 그러면 어떻게 적용하겠습니까?

오늘의 기도

하나님 말씀으로 무장하여 지혜로 세상을 살아가겠습니다.

열·왕·기·상

5장

본문 소개

하나님의 집을 짓고 싶어 했던 다윗을 거절하시고, 하나님은 다윗의 아들로 성전을 건설하게 하실 것이며, 대신 하나님께서 다윗의 집을 세워 주시겠다고 언약하셨습니다. 다윗은 성전 건축을 위해 많은 금, 은, 동과 필요한 건축 재료를 창고에 가득 쌓아 놓았습니다.
이제 솔로몬이 하나님의 성전을 짓게 됩니다. 하나님께서 모세를 통해 하나님이 지정하신 곳에서 예배할 날이 올 것을 말씀하셨는데(신 12:11, 16:15-16), 500여 년 만에 그날이 왔습니다.

1. 히람과 협상(5:1-12)

솔로몬왕의 역사 기록 중 3분의 1을, 성전 건축과 관련하여 쓰고 있습니다. 성전 건축이 솔로몬의 생애에서 가장 중요한 사명이었으며, 솔로몬은 성전 건축에 합당한 하나님의 지혜를 받은 왕이기 때문입니다.
두로 왕 히람이 다윗과의 우호 관계를 솔로몬에게까지 이어지기를 원하며 사절단을 보냈습니다. 솔로몬은 히람에게 사람을 보내어 성전 건축에 대해 간략한 설명을 한 후 성전 건축에 필요한 레바논 백향목 벌목 허락을 요청했습니다(2~6절).
히람이 솔로몬과 더불어 협정을 맺었습니다(7~12절). 솔로몬이 요청한 백향목뿐 아니라 잣나무까지 제공할 것이며 목재를 보낼 방법까지 자세하게 언급했습니다. 히람은 성전 건축 목재를 제공하는 대신에 솔로몬에게, 두로 왕실에 필요한 음식 제공을 요청했습니다. 솔로몬이 보낸 기름과 음식은, 두로 지역에서 생산되지 않는 것으로 매년 많은 양을 보냈습니다. 솔로몬은 하나님의 성전 건축을 위해 어떤 비용도 아끼지 않았습니다.

2. 일꾼 모집(5:13-18)

솔로몬은 전국에서 3만 명의 일군을 모집했습니다. 한 달은 레바논에서 일하고, 두 달은 본국에서 일하게 했습니다. 총책임자는 '아도니람'이었습니다.

아도니람은 15만 명을 추가로 소집하여 7만 명은 짐을 운반하고, 8만 명은 산에서 돌을 채석하게 했습니다(15~17절). 이 모든 인력을 감독하기 위해 3,300명이 필요했으며, 그들을 관리하는 사람도 550명이 있었습니다(9:23). 성전 건축에 필요한 돌과 나무에 대한 작업은 솔로몬 기술자들과 히람의 기술자들, 그발 사람들이 담당했습니다(18절). 솔로몬은 최선을 다해 하나님 성전을 건축하고 있었습니다. 지혜로운 사람들은 하나님을 섬기는 일에 자신의 전부를 다 바쳐서 일하는 사람들입니다.

문제❶ 솔로몬이 왕이 되자 사신을 보낸, 다윗을 사랑한 사람은? (5:1)

문제❷ 솔로몬이 성전을 건축하려 할 때의 주변 정세는? (5:3~5)

문제❸ 두로 왕이 레바논의 백향목과 잣나무를 보낸 방법은? (5:8~9)

문제❹ 두로 왕에게 솔로몬이 보상한 것은? (5:10~12)

문제❺ 성전 건축을 담당한 역군의 감독자로 세움 받은 사람은? (5:13~16)

오늘의 묵상

솔로몬이 성전 건축을 준비합니다. 과거 아버지 다윗과 연이 깊은, 두로 왕 히람이 목재를 제공합니다. 그리고 솔로몬은 두로 왕실에 필요한 양식을 제공하므로 보답합니다. 솔로몬과 많은 사람들이 성전 건축을 위해 헌신합니다.

하나님의 일에 즐거이 헌신하는 사람이야말로 지혜로운 사람입니다.

오늘의 적용

하나님의 일에 나는 무엇으로 어떻게 헌신하고 있습니까?

오늘의 기도

주신 달란트로 오늘도 즐거이 주님을 섬기겠습니다.

열·왕·기·상

6장

본문 소개

6장에서 목재와 돌과 일꾼이 준비되고 성전 건축이 진행되었습니다. 하나님이 솔로몬을 세우신 목적이 성전 건축에 있었습니다. 다윗은 성전 건축을 위해 이스라엘 주변 국가를 정복하여 평안의 시기를 만들었고 솔로몬 시대에 풍요함이 절정에 달했을 때 성전 건축이 시작되고 완성되었습니다.

1. 성전의 규모(6:1-10)

솔로몬 즉위 4년, 출애굽 480년째 되던 해에 성전 건축이 시작되었습니다. 출애굽 사건을 성전건축과 연결 지어 하나님이 아브라함에게 약속하신 대로 가나안 땅을 기업으로 주셨음을 감사하고 있습니다.

성전 건물의 전체 크기를 설명했습니다(2~10절). 1규빗을 45cm로 계산할 때 가로 27미터, 세로 9미터, 높이 13.5미터의 크기입니다. 성막의 두 배 크기이며 면적은 4배 크기입니다.

성전은 아름답고 정교하고 기능적이었습니다. 3층 구조였으며(6절) 성전 전체를 돌아가면서 제사장들이 사용할 방들이 있었습니다. 성전을 건축하는 동안 연장 소리가 들리지 않게 했습니다.

2. 하나님 약속(6:11-13)

성전 건축을 시작하자, 하나님께서 솔로몬에게 약속하셨습니다. 솔로몬이 하나님 말씀대로 순종한다면 다윗의 언약을 이루실 것이며, 성전을 통해 하나님께서 이스라엘 가운데 임재하시고 이스라엘을 버리지 않으시겠다고 약속하셨습니다. 하나님 말씀에 순종할 때 성전도 제 기능을 할 수 있습니다. 불순종한다면 성전도 평범한 건물일 뿐입니다.

3. 성전 내부 구조(6:14-38)

성소는 벽은 백향목, 바닥은 잣나무를 사용했습니다. 지성소는 전체가 순금으로 입힌 백향목으로 지어졌으며 가로, 세로 9미터 정사각형 방이었습니다(16, 20, 21절). 또한 성전 내부 전체를 금으로 입혔습니다(22절).

지성소 중심에 4.5미터 높이의 그룹 둘이 날개를 펴고 있습니다. 두 날개를 펴면 지성소 전체를 채웠습니다. 그룹들은 법궤를 보호하는 역할을 했으며, 하나님의 보좌를 상징했습니다.

성전에서 가장 중요한 것은 황금이었습니다. 20~22절에 6번이나 언급되었습니다. 모세도 성막을 금으로 만들었습니다. 황금의 집은 하나님이 거하시기 적합한 상징적인 집이었습니다.

성전 건축은 7년 반이 걸렸습니다.

오늘 하나님의 성전은, 예수 그리스도의 몸으로서의 교회입니다(엡 2:19-22).

성경 공부

문제❶ 솔로몬 성전은 7년 만에 완성됩니다. 성전이 상징하는 것은?

문제❷ 이스라엘 출애굽 몇 년에, 성전 건축이 시작되었습니까? (6:1)

문제❸ 성전 건축 시 연장 소리가 들리지 않은 까닭은? (6:7)

문제❹ 성전 건축을 시작한 솔로몬에게 하나님이 주신 약속은? (6:11~13)

문제❺ 성전 내소와 외소를 입혔던 건축 재료는? (6:20~22)

오늘의 묵상

솔로몬의 성전 건축은 여호와를 위하여 한 것입니다. 솔로몬에게 하나님 말씀대로 순종한다면 다윗의 언약을 이루실 것이며, 성전을 통해 하나님께서 이스라엘 가운데 임재하시고 이스라엘을 버리지 않으시겠다고 약속하셨습니다. 하나님 말씀에 순종하지 않으면 성전은 평범한 건물일 뿐입니다.

오늘의 성전은 예수 그리스도의 몸인 성도가 교회입니다.

오늘의 적용

하나님이 거하시는 성전으로서 나는 부끄럽지 않습니까?

오늘의 기도

구원의 은혜를 알고 하나님의 성전으로 거룩하게 살겠습니다.

열·왕·기·상

7장

성전 건축 설명 중간에 솔로몬 왕궁 건축을 설명합니다. 성전과 왕궁의 벽이 거의 붙어있는 구조였기에 전체 구조를 설명하기 위해 왕궁 이야기를 삽입한 것으로 추정합니다. 성전과 왕궁이 같은 장소에 건축된 것은 그리스도를 통한 하나님의 성전이라는 말씀에 근거가 있습니다. 다윗의 자손으로 오신 그리스도가 성전 이셨습니다(요 2:19).

1. 솔로몬 왕궁 건축(7:1-12)

솔로몬이 성전 건축에 7년, 왕궁을 건축에 걸린 기간은 13년이었습니다. 일부는 솔로몬의 세상 적 열정(왕궁)이 종교적 열정(성전)을 앞질렀다고 부정적으로 보지만, 하나님은 솔로몬의 왕궁 건축에 대해 책망하시지 않았습니다. 성전과 왕국은 떨어질 수 없습니다. 다윗의 집이 언약에 불순종하면 하나님의 집은 빈 건물에 불과합니다.

솔로몬 왕궁 높이는 성전과 같지만 가로 45미터, 세로 22.5미터로 성전보다 컸습니다. 솔로몬 왕궁은 다섯 개의 중요한 건물로 구성되었습니다. 레바논 숲 왕궁(2절), 주랑(6절), 재판정(7절), 솔로몬의 왕궁, 바로의 딸을 위한 왕궁(8절)입니다.

2. 성전 기구들(7:13-51)

솔로몬은 성전 건축을 위해 최고의 재료와 최고의 기술자를 동원했습니다. 솔로몬은 납달리 지파 사람 히람을 총감독으로 임명하고(14절) 놋으로 네 가지 물건을 만들게 했습니다(15~47절).

❶ 두 놋 기둥(7:15-22). 높이 5.4미터, 둘레 3.6미터 두 놋쇠 기둥을 만들고 이름을 야긴(그가 단단히 세우신다.)과 보아스(힘, 능력)로 불렀습니다. 성전을 통해 하나님이 자기 백성을 능력으로 통치하실 것을 약속했습니다.

❷ 바다 모양의 물통(7:23-26). 지름이 4.5미터, 높이가 2.25미터, 둘레가 13.5미터였습니다. 물통은 12개의 다리가 있습니다.

❸ 놋쇠 받침대와 대야(7:27-39). 10개의 놋쇠 받침대와 대야를 만들었으며 성전 오른쪽과 왼쪽에 각각 다섯 개를 두었습니다.

❹ 솥, 삽, 작은 대접(7:40-47). 큰 기구뿐 아니라 성전 제사에 필요한 작은 기구들도 히람이 직접 제작했습니다.

❺ 금 기구(7:48-51). 성전 뜰에서 사용될 기구는 히람이 만들었지만, 성전 안에서 사용하는 기구는 솔로몬이 직접 제작에 관여했습니다. 성전은 가장 화려하고 아름다웠습니다.

성경 공부

문제❶ 성전과 왕궁의 크기를 비교해 보십시오. (6:2, 7:2)

문제❷ 솔로몬이 결혼한 바로의 딸을 위해 지어준 것은? (7:8)

문제❸ 성전 기구 제작을 위해 세운 사람은? 그리고 그 이유는? (7:14)

문제❹ 성전에 세워진 두 기둥의 이름은? (7:21)

문제❺ 솔로몬 성전 건축을 마치고 한 일은? (7:51)

오늘의 묵상

솔로몬이 여호와를 위한 성전건축과 함께 왕궁을 건축합니다. 성전과 왕궁은 같은 장소에 지어졌으며, 왕궁이 더 크게 지어진 것에 대해 하나님은 개의치 않으셨습니다. 하나님 언약을 지키지 않으면 화려한 건축물도 의미가 없기 때문입니다. 솔로몬은 성전 건축을 위해 최고의 기술자와 최고의 재료를 사용합니다.

하나님이 계시지 않는 인생은 아무 의미가 없습니다.

오늘의 적용

성령이 거하시는 전인 나의 삶을, 어떻게 거룩하게 가꾸고 있습니까?

오늘의 기도

주님이 계시지 않으면 저는 허수아비입니다. 늘 동행해 주옵소서.

열·왕·기·상

8장

본문 소개

다윗이 건축하고 싶어 했던 성전을 솔로몬이 완공했습니다. 언약궤를 성전으로 옮겨 온 후 성전 봉헌식을 드렸습니다. 예루살렘에 성전이 세워짐으로 아브라함과 모세, 다윗에게 주신 언약이 성취되었습니다. 이제 성막 시대가 끝나고 성전 시대가 열렸습니다. 하나님은 성전을 통해 이스라엘을 통치하십니다.

1. 언약궤 운반(8:1-11)

다윗성에 머물러 있던 언약궤를 새 성전으로 옮겨왔습니다. 성전을 완공하고 11개월을 기다리며 성전 기구를 제작하고, 신년이 시작되는 7월 장막절에 성전 봉헌식을 했을 것으로 해석합니다. 제사장들이 법궤 운송을 마치자, 하나님의 영광이 성소에 가득하였습니다.

2. 솔로몬 헌당 사(8:12-21)

솔로몬은 성전이 하나님이 거하실 처소임을 선포하고 성전 건축에 대한 과정을 설명합니다.
다윗 언약이 시내 산 언약의 연속이며, 다윗이 이스라엘 하나님의 이름을 위하여 성전 건축을 원했지만, 하나님이 솔로몬에게 성전 건축을 허락하시고 이제 성전이 완공되었습니다.

3. 솔로몬의 기도(8:22-53)

다윗의 집 언약에 대해 하나님께서 그 언약을 지켜주시길 먼저 간구했습니다(22~26절). 성전은 하나님의 이름을 두신 장소로(신 12:4-11) 성전에서 기도할 때마다 하나님이 일곱 가지를 응답해 주시길 기도했습니다.

첫째. 정의가 실현되게 하소서(8:31-32).

둘째. 전쟁에서 보호하소서(8:33-34).

셋째. 땅을 위해 은혜의 비와 선한 길을 주소서(8:35-36).

넷째. 회개하면 환란을 거둬주소서(8:37-40).

다섯째. 이방인들에게도 은혜를 베푸소서(8:41-43).

여섯째. 전쟁에서 승리하게 하소서(8:44-45).

일곱째. 포로 생활에서 구해주소서(8:46-51).

4. 솔로몬의 축복(8:54-61)

하나님은 언약의 하나님이십니다. 백성들의 마음이 하나님께로 향하여 하나님의 계명과 법도에 순종함으로 세상 만민에게, 여호와만이 하나님이심이 선포되길 축복했습니다. 불순종하면 성전 영광은 사라질 것입니다.

5. 성전 봉헌식(8:62-66)

성전 봉헌을 위해 소 2만 2천 마리, 양 12만 마리를 바쳤습니다. 2주간 성전 봉헌식이 진행되는 동안 모든 백성은 하나님의 은혜로 즐거워했습니다.

문제❶ 성전 지성소에 구름이 가득한 것이 의미하는 것은? (8:10~11)

문제❷ 하나님께서 무엇을 건축하기 위하여 다윗을 선택하셨습니까? (8:16)

문제❸ 솔로몬의 기도 일곱 가지를 요약해 보십시오. (8:31~53)

문제❹ 솔로몬이 장래의 상황을 위해 기도하는 이유는? (8:46)

문제❺ 솔로몬과 백성들이 여호와께 드린 제사와 제물은? (8:62~64)

오늘의 묵상

다윗이 그토록 사모했던 하나님의 집 성전을 아들 솔로몬이 완공합니다. 언약궤가 지성소로 옮겨지고, 여호와의 영광이 성전에 가득했습니다. 솔로몬은 아버지 다윗과 자기로 이어진 성전 건축의 감격을 고백합니다. 성전 봉헌을 마치자, 온 백성이 다윗 때부터 이스라엘에게 베푸신 하나님의 모든 은혜로 인하여 기뻐하며 즐거움을 누렸습니다.
오직 하나님만이 우리의 기쁨이 되십니다.

오늘의 적용

하나님께서 지금까지 베푸신 은혜를 회고해 보십시오.

오늘의 기도

주님만이 나의 소망 되시며 반석 되십니다.

열·왕·기·상

9장

본문 소개

성전을 봉헌한 후에 하나님이 솔로몬에게 두 번째 나타나셨습니다. 하나님이 주신 가장 영광스러운 선물, 예루살렘 성전에 하나님의 임재가 유지되려면 왕과 백성이 어떻게 해야 하는지를 다시 강조하셨습니다. 진정한 지혜는 하나님을 경외하고 그 명령과 규례대로 순종하는 삶입니다.

1. 하나님의 현현(9:1-9)

솔로몬의 기도에 대한 하나님의 응답입니다(8:29). 솔로몬이 건축한 성전을 하나님이 거룩하게 구별하여 하나님의 이름과 눈길과 마음이 항상 성전에 있을 것을 약속하셨습니다(3절). 그러나 왕과 백성이 하나님께 순종할 때만 그 약속을 지키실 것을 말씀하셨습니다.

이스라엘이 하나님을 버리고 불순종하게 되면 어떻게 됩니까?

❶ 이스라엘 백성을 성전이 있는 기업의 땅에서 끊어버리겠다.

❷ 성전에 더 이상 하나님의 이름을 두지 않겠다.

하나님이 떠나시면 성전은 이방 민족에게 비웃음거리가 될 것입니다. 다윗 왕조의 왕권과 예루살렘 성전, 이스라엘 영토의 미래가 솔로몬과 백성들의 순종에 달려있습니다. 거룩한 성전을 하나님께 바친 것보다 더 중요한 것이 하나님께 순종하는 것입니다.

2. **솔로몬과 히람**(9:10-14)

솔로몬이 하나님의 성전과 왕궁을 건설하는 일에, 두로 왕 히람이 결정적 역할을 했습니다. 솔로몬이 답례로 갈릴리 성읍 20개를 히람에게 주었고 히람은 그 성읍이 마음에 들지 않았지만(가불: 쓸모없는) 땅값으로 금 120달란트(약 4,000kg)를 보냅니다.

3. **솔로몬 노예제도**(9:15-24)

성전과 왕궁을 포함한 솔로몬의 건축 사업은 광범위하게 진행되었습니다(15~19절).

성전과 왕궁, 도시 건축에 동원된 사람들은 가나안 민족들이었으며 이스라엘 백성들은 없었습니다(21~22절). 솔로몬의 건축 과정 설명 중에 바로의 딸을 언급합니다(16, 24절). 남아있는 가나안 민족과 이방 여자는 우상숭배의 출입문이었습니다.

4. **예배와 무역**(9:25-28)

솔로몬이 일 년에 세 차례 율법에 따라 절기를 지킴으로 성전 기능을 정상화했습니다(출 23:14-19). 두로 왕 히람은 솔로몬의 건축 사역 파트너였을 뿐 아니라, 해상 무역의 파트너가 되어 솔로몬의 번영을 도왔습니다.

성경 공부

문제❶ 하나님의 눈길과 마음을 항상 두시겠다고 약속한 곳은? (9:3)

문제❷ 하나님의 계명에 순종할 때의 복과 불순종할 때의 저주는? (9:4~9)

문제❸ 히람이 솔로몬에게 받은 땅을 '가불'이라고 부른 이유는? (9:10~14)

문제❹ 솔로몬이 역군을 일으켜 건축했던 건축물은? (9:15)

문제❺ 솔로몬이 해상 무역의 근거지로 삼은 항구는? (9:26~28)

오늘의 **묵상**

솔로몬의 기도에 대한 응답으로 하나님의 성전에 하나님의 눈길과 마음이 항상 있게 하시겠다고 약속하십니다. 이 약속은 하나님의 법도와 율례를 지킬 때 성취됩니다. 불순종하면 하나님은 이스라엘과 함께 하지 않으십니다.
하나님의 약속 성취는 언제나 우리의 순종 여부에 달려있습니다.

오늘의 **적용**

나는 하나님 말씀을 잘 따르고 있습니까?

오늘의 **기도**

하나님이 눈길과 마음을 주시도록 하나님 말씀에 순종합니다.

열·왕·기·상

10장

하나님께서 솔로몬에게 약속하신 지혜의 마음과 부와 영화가 어떻게 주어지고 있는지를 계속 설명하고 있습니다. 하나님 성전을 건축한 솔로몬에게 주신 하나님이 약속하신 복이었습니다. 두로 왕 히람의 도움으로 홍해 무역을 시작하고 홍해 연안에 위치한 스바 여왕이 솔로몬을 찾아온 사실을 통해 솔로몬의 지혜가 온 세상에 알려졌음을 증거하고 솔로몬의 재산과 부귀를 통계로 보여줍니다.

1. 스바의 여왕(10:1~13)

스바에 대해 역사학자 요세푸스는 에티오피아로, 어떤 학자는 예멘이라고 추측합니다. 스바 여왕은 대략 2,500~3,000km를 여행해 온 것입니다.

스바 여왕은 솔로몬에게 자연과 건축 등 모든 지혜에 대해 질문했으며, 솔로몬은 막힘없이 답했습니다(2~3절). 솔로몬의 지혜와 명성은 하나님이 주신 것으로(1절), 하나님의 지혜가 솔로몬의 지혜가 되었기 때문입니다.

❶ 스바 여왕은 솔로몬의 지혜와 건축물과 국가조직을 둘러보고 크게 감동하여 자신이 들은 소문의 진위를 확인했습니다(4~7절).

❷ 스바 여왕은 솔로몬을 왕으로 세워 공평과 정의로 백성을 다스리

게 하신 하나님을 찬송했습니다(8~9절).

❸ 스바 여왕은 솔로몬에게 많은 선물을 주었습니다(10절). 솔로몬도 답례로 많은 물건과 여왕의 소원을 들어주었습니다(13절).

2. 솔로몬의 부귀와 지혜(10:14-29)

솔로몬의 부귀를 보여주기 위해 '금'에 대해 10차례 언급하고 있습니다. 솔로몬은 금으로 큰 방패와 작은 방패를 만들어 레바논 궁에 두었으며(16~17절), 가장 화려하고 웅장한 상아로 만든 왕의 의자를 금으로 입혔습니다(18~20절). 왕궁에서 사용하는 모든 그릇은 금이었습니다(21절). 삼 년마다 모든 사치품을 수입했습니다(22절).

❶ 솔로몬왕의 재산과 지혜는 세상 최고였습니다(23~25절). 모든 나라가 솔로몬의 지혜를 들으러 찾아왔습니다(마 12:42).

❷ 솔로몬왕의 군대 역시 세계 최강이었습니다(26~29절). 병거가 1,400대, 기병이 1만 2천 명에 이르렀습니다. 솔로몬은 말과 병거 수입은 아시아에서 이집트까지 광범위하게 이뤄졌습니다.

하나님은 약속대로 솔로몬에게 지혜와 부귀와 영화를 주셨습니다. 이제 솔로몬이 하나님과의 약속을 따라 행하여야 할 차례입니다.

문제❶ 스바 여왕이 솔로몬왕에게 질문한 것들은? (10:1~6)

문제❷ 스바 여왕이 하나님을 찬양했던 고백을 써보십시오. (10:4~9)

문제❸ 오빌에서 가져온 백단목으로 무엇을 만들었습니까? (10:11~13)

문제❹ 솔로몬이 거둬드린 금으로 무엇을 만들었습니까? (10:14~22)

문제❺ 온 세상 사람이 솔로몬을 통해 듣기 원했던 것은? (10:23~25)

오늘의 묵상

솔로몬의 지혜를 듣고 보기 위해 찾아온 사람들은, 하나님으로 말미암고 하나님이 주신 지혜를 보고 싶었다고 고백합니다. 사람들은 솔로몬의 지혜가 하나님으로 부터 온 것임을 알았습니다. 그리고 솔로몬의 지혜는 사실이었고 그가 누린 부귀와 영화는 역사상 최고였습니다. 하나님은 솔로몬과의 약속을 지키셨고, 이제는 솔로몬이 약속을 이행해야 합니다.

오늘의 적용

하나님께서 내게 이루어 주신 것들을 써봅시다.

오늘의 기도

하나님 말씀을 잘 깨닫고 따르는 지혜를 주옵소서.

열·왕·기·상

11장

이스라엘은 솔로몬 통치 시대에 최고의 국력과 경제와 군사적 우위를 보여주었습니다. 하나님이 솔로몬에게 약속하신 것을 신실하게 이루어 주셨습니다.
이제 솔로몬이 하나님의 언약에 충실하기만 하면 복은 계속될 것입니다. 그러나 솔로몬은 하나님을 떠나 우상숭배에 빠지게 되자 하나님은 복과 명성을 거두셨고, 이스라엘의 불순종에 대해 진노하셨습니다.

1. 솔로몬 우상숭배(11:1-13)

솔로몬이 하나님을 사랑할 때 하나님이 번영을 주셨습니다(3:3). 솔로몬이 하나님을 떠나 우상숭배에 빠지자, 하나님은 약속대로 심판을 진행하셨습니다.

❶ 이방의 많은 아내(11:1-3). 솔로몬은, 하나님께 바쳐야 할 사랑을 이방 여자에게 쏟았습니다. 하나님의 경고를 무시했습니다.

❷ 우상숭배(11:4-8). 이방 아내들로 인해 우상 숭배자가 되고 말았습니다(신 7:3-4). 그 마음이 하나님께 온전하지 못했습니다.

❸ 하나님의 심판(11:9-13). 솔로몬은 제2의 사울처럼 하나님께서 그 나라를 빼앗아 다른 사람에게 주겠다고 하셨습니다. 그러나 솔로몬 시대가 아니라 그 아들 시대라고 하셨습니다.

2. 솔로몬의 대적들(11:14-25)

솔로몬이 하나님을 떠나자, 이스라엘의 주변 국가를 사용하여 이스라엘을 괴롭게 하셨습니다.

❶ 남쪽 에돔 왕 하닷(11:14-22). 에돔의 하닷은 다윗이 이 지역을 정복할 때 겨우 살아서 애굽으로 도피했다가 애굽에서 힘을 기른 후 에돔으로 돌아와 솔로몬을 대적하고 있습니다.

❷ 북쪽 수리아 왕 르손(11:23-25). 다윗이 소바를 멸할 때 르손은 소바 왕에게서 도망쳐 사람들을 모은 후 다메섹에서 왕이 되어 이스라엘을 대적하고 괴롭혔습니다.

3. 여로보암의 대적(11:26-40)

결국 하나님이 움직이셔서 여로보암을 이스라엘 왕으로 세우셨습니다. 아히야 선지자는 예언을 통해 하나님께서 솔로몬의 신하였던 여로보암에게 10 지파를 떼어 주어 이스라엘 왕으로 세우고 솔로몬의 아들에게는 한 지파를 주어 다윗의 등불이 꺼지지 않게 하시겠다고 말씀하셨습니다. 솔로몬의 범죄에도 불구하고 하나님은 다윗과의 언약을 끝까지 지키시기 위해 여로보암에게 10지파만 주셨습니다.

4. 솔로몬의 죽음(11:41-43)

솔로몬의 40년 통치가 끝나고, 아들 르호보암이 왕이 되었습니다.

문제❶ 이방 여인과 통혼하지 말라고 하신 이유를 찾아봅시다. (11:1~8)

문제❷ 하나님께서 나라를 둘로 나누시는 이유는? (11:9~13)

문제❸ 나라를 나누시는 징계를 솔로몬 때에 행하지 않으신 이유는? (11:12)

문제❹ 나라의 분열을 예언한 선지자와, 그것을 보여준 방법은? (11:29~32)

문제❺ 나라를 얻게 될 여로보암이 하나님께 지켜야 할 약속은? (11:37~40)

오늘의 묵상

솔로몬이 누린 영화가 끝나갑니다. 이방 여인들을 아내로 맞이한 영향으로 우상숭배에 빠지고 말았습니다. 솔로몬에게 약속을 지키신 하나님은 하나님과의 약속을 어긴 솔로몬에게 경고하십니다. 경고를 무시하는 솔로몬에게 주변 나라를 사용하십니다. 결국 하나님은 여로보암에게 나라를 나누어 주시겠다고 하시고 솔로몬은 죽습니다.
하나님의 복은 그분과의 약속에 충실할 때 이어지고 계속됩니다.

오늘의 적용

하나님의 법도에서 벗어난 것이 있습니까?

오늘의 기도

하나님 말씀에 늘 충실하겠습니다.

열·왕·기·상

12장

본문 소개

솔로몬 40년 통치 이후, 아들 르호보암은 뛰어난 지도자가 되지 못했습니다. 하나님께서 여로보암을 북쪽 이스라엘의 왕으로 세워주셨지만, 그는 우상 숭배자가 되었습니다.

르호보암은, 솔로몬에게 "네 아들 시대에 나라를 나누겠다."라고 하신 예언이 성취되게 만든 무능한 왕이었으며, 여로보암도 다윗처럼 세워주시겠다는 하나님의 약속을 어리석게도 버렸습니다.

1. **여로보암과 르호보암**(12:1-5)

화려했던 솔로몬 통치가 끝나고, 그 아들 르호보암과 북쪽 이스라엘 백성 대표들이 애굽에서 돌아온 여로보암을 데리고 와 만났습니다. 솔로몬 통치 시절 왕궁과 산당 등 과도한 건축 사업과 무거운 세금에 시달렸던 백성들은, 르호보암에게 세금과 노역을 줄여주면 르호보암을 적극 지지할 것을 말합니다.

2. **르호보암의 해답**(12:6-11)

르호보암이 원로들의 의견을 먼저 물었고, 원로들은 지혜롭게 "백성들을 섬기는 자가 되십시오"(7절) 충고했습니다. 르호보암은 다시 젊은 신하들에게 의견을 물었고, 젊은 신하들은 르호보암에게 강경책을 제안했으며 르호보암은 젊은 신하들의 의견을 따랐습니다.

3. 백성들의 반응(12:12-20)

약속한 3일 후 백성들을 만나 르호보암이 말했습니다. "나는 아버지 솔로몬보다 너희에게 더 무거운 멍에를 매게 하겠다." 르호보암은 어리석었으며 백성들은 실망했습니다. 그로 인해 하나님의 예언이 성취되었습니다(15절).

"다윗이여, 이제 너는 네 집이나 돌아보라" 온 이스라엘은 돌아서고 유다 성읍만 르호보암을 왕으로 세웠습니다(16~17절). 유다 지파를 제외한 이스라엘도 여로보암을 왕으로 추대했습니다(20절). 이렇게 120년간 지속된 통일왕국 시대가 끝났습니다.

4. 분열 왕국의 시작(12:21-24)

르호보암과 유다, 베냐민 지파 사람들은 18만 명 군사를 동원하여 이스라엘과 전쟁을 하려 했지만, 선지자 스마야를 통해 "이 일은 하나님이 하신 일이니, 현실을 받아들이라"라고 말씀하셨습니다.

5. 여로보암의 죄(12:25-33)

하나님이 여로보암에게 10지파를 주시면서 다윗과 같이 될 수 있는 기회를 주셨지만 여로보암은 외면했습니다(11:31-38). 여로보암은 <예루살렘 차단 정책>을 펼쳤습니다. 두 금송아지를 벧엘과 단에 두고, 거짓 제단, 거짓 제사장, 거짓 절기, 가짜 하나님을 섬기게 했습니다.

문제❶ 르호보암이 세겜으로 간 이유는? (12:1)

문제❷ 르호보암이 의견을 구했던 원로들과 소년들의 대답은? (12:7~11)

문제❸ 르호보암이 급히 예루살렘으로 도망한 까닭은? (12:16~20)

문제❹ 르호보암의 잘못된 전쟁 계획을 누가 막았습니까? (12:21~24)

문제❺ 여로보암이 범한 죄는? (12:28~33)

오늘의 묵상.

솔로몬의 시대가 끝나고 르호보암이 뒤를 이어 왕이 되지만, 르로보암의 어리석은 판단과 대답으로, 북쪽 10개 지파가 돌이켜 여로보암을 왕으로 세웁니다. 솔로몬의 범죄로 인한 분열 왕국이 시작되었습니다. 하나님은 여로보암에게도 다윗처럼 될 수 있는 기회를 주셨지만, 여로보암 역시 어리석게도 외면하고 자신과 백성들로 범죄 하게 만듭니다. 하나님의 말씀에서 떠나면 어리석음에 빠지게 됩니다.

오늘의 적용.

하나님께서 주시는 기회들을 외면하고 있지는 않습니까?

오늘의 기도.

하나님 말씀을 늘 가까이하겠습니다. 깨닫는 지혜를 주옵소서.

열·왕·기·상

13장

본문 소개

여로보암의 <예루살렘 차단 정책>으로 인해 남북 왕국은 정치, 종교적으로 완전한 독립 국가로 분리되었습니다.
가짜 하나님, 가짜 절기, 가짜 제사장, 가짜 제단, 결국 예루살렘 성전과 제단을 모방한 우상숭배 국가가 되고 말았습니다. 하나님은 선지자를 보내 책망하셨으나 여로보암은 북 왕국을 송아지 숭배 국가로 타락시키고, 하나님을 버렸습니다.

1. **벧엘 제단 심판**(13:1-10)

여로보암이 자신이 제정한 절기에 벧엘에서 분향할 때, 유다에서 온 하나님의 사람이 나타나 말씀을 선포했습니다. 요시아라는 다윗의 자손이 태어나 이 제단을 파괴할 것을 선언하고 그 증거로 제단이 갈라지고 재가 쏟아질 것을 예언했는데, 300년 후에 남 유다 요시아왕 시대에 벧엘을 정복하고 제단을 파괴함으로 예언이 성취되었습니다(왕하 23:15-20).

분노한 여로보암은 선지자를 잡으려고 손을 뻗었다가 마비되었으나 선지자의 기도로 회복되는 기적을 경험하기도 했습니다.

2. 벧엘의 늙은 선지자(13:11-32)

하나님의 사람은 여로보암 왕의 식사 초대도 거절하고 하나님이 말씀하신 대로 다른 길로 돌아가고 있었습니다(9~10절). 그가 가는 방향을 벧엘에 사는 한 늙은 선지자의 아들이 보았습니다(12절).

늙은 선지자는 아들을 앞세워 쫓아가 하나님의 사람에게 거짓말을 했습니다(18절). 늙은 선지자의 집에 따라가 식사하는 동안 하나님의 말씀이 늙은 선지자에게 임했습니다(20~22절). 하나님의 사람이 급히 길을 떠났으나 사자에게 물려 죽임을 당하고 늙은 선지자가 그를 장사 지냈습니다. 하나님 사람의 죽음은 하나님 말씀은 반드시 이뤄진다는 것을 보여주었습니다(32절). 늙은 선지자가 왜 이런 행동을 했는지는 알 수 없습니다. 하나님의 사람은 늙은 선지자를 선지자로 믿었다가 하나님 말씀을 어기는 죄를 범했습니다. 가짜 제단은 늙은 선지자를 닮았습니다.

3. 여로보암 왕조의 죄(13:33-34)

여로보암은 벧엘에서 하나님의 경고와 기적을 체험했지만, 하나님께 돌아오지 않았습니다. 하나님 말씀을 거역한 하나님 사람이 길거리에서 사자에게 물려 죽임을 당한 것처럼, 하나님은 여로보암의 집을 끊어버리시고 멸망시키실 것입니다. 하나님 말씀은 살아있습니다.

문제❶ 벧엘 제단에서 분향하는 여로보암에게 하나님의 사람이 외친 말은?
(13:1~6)

문제❷ 하나님의 사람이 여로보암 왕의 환대를 거절한 이유는? (13:7~10)

문제❸ 벧엘의 늙은 선지자가 하나님의 사람을 어떻게 속였습니까? (13:11~19)

문제❹ 거짓 선지자에게 속은 하나님의 사람의 최후는? (13:20~24)

문제❺ 여로보암의 마지막은? (13:33~34)

오늘의 묵상

통일왕국이었던 나라는 완전히 분리되었습니다. 여로보암은 북 왕국 이스라엘을 더욱 우상숭배로 타락시켜 갔습니다. 여로보암에게 하나님의 경고를 외쳤던 하나님의 사람은, 하나님 명령을 어기고 사람의 말에 속아 처참한 죽음을 맞이합니다. 하나님은 여로보암의 집을 버리십니다. 하나님의 말씀은 살아있습니다. 그래서 말씀대로 모든 것이 성취됩니다.

오늘의 적용

나는 성경이 살아계신 하나님 말씀이라고 믿습니까?

오늘의 기도

하나님 말씀을 중히 여기고, 그리고 사랑하겠습니다.

열·왕·기·상

14장

여로보암 왕조의 멸망 예언대로 여로보암 가문이 멸망하여 사라지게 됩니다(13:33-34). 여로보암의 강퍅함이 하나님의 심판을 가져왔습니다. 14장은 여로보암에 대한 하나님의 심판 말씀과 여로보암의 죽음을 기록한 후 유다 왕들의 행적을 설명하고 있습니다. 르호보암, 아비야, 아사의 통치 시대를 이어서 설명하고 있습니다(14:21~15:24).

1. 여로보암 심판(14:1-20)

여로보암의 아들 아비야가 병들어 죽는 사건을 통해 여로보암의 집에 대한 하나님의 심판을 전했습니다. 여로보암은 아들이 병들자, 선지자 아히야에게 아내를 보냅니다. 왕의 아내가 변복하고 선지자를 찾아갔지만, 하나님은 이미 선지자에게 다 알게 하셨습니다.

선지자 아히야는 여로보암 왕조의 멸망을 선언했습니다. 여로보암의 죄는 가장 악한 죄이기에 여로보암의 집을 쓸어버리실 것이며 모든 사람은 멸절하게 될 것입니다(6-16절).

❶ 병든 아들은 지금 죽는 것이 차라리 축복이다(13절).

❷ 여로보암 대신 새 왕조를 일으키시리라(14절).

❸ 이스라엘을 뿌리째 뽑아서 강 너머로 흩으시리라(15절)

❹ 하나님이 이스라엘을 버리신 이유는 여로보암의 죄 때문이다.

여로보암은 북 왕국을 22년간 통치했으며 그 아들 나답이 대를 이었으나 2년 만에 바아사에 의해 살해를 당합니다.

2. 유다 왕 르호보암(14:21-31)

12~14장에서 북이스라엘 여로보암 왕조가 어떻게 탄생하고 우상숭배 국가가 되었는가를 보여주었습니다. 여로보암의 집에 심판이 임하고 <여로보암의 죄>가 이스라엘 20명의 왕을 평가하는 기준이 되었습니다.

이제 남 유다 왕들 중에 먼저 르호보암에 대해 기록하고 있습니다. 르호보암은 17년을 통치했습니다. 그의 통치 중에 남 유다는 우상숭배의 죄에 빠졌습니다(22~24절). 심지어 신전에 남창까지 있었다고 그의 타락을 증언하고 있습니다.

유다의 우상숭배로 인해 하나님은 애굽의 '시삭'의 손에 유다를 붙이십니다(25절). 애굽 왕 시삭은 예루살렘을 침략하여 성전과 왕국의 모든 보물을 약탈했습니다. 솔로몬 시대의 상징이던 모든 금은 사라지고 왕도 놋 방패를 사용해야 했습니다. 남 유다도 북이스라엘도 우상숭배로 인해 하나님께 버림을 받았습니다.

성경 공부

문제❶ 여로보암의 아내가 변복하고 선지자 아히야를 찾은 이유는? (14:1~5)

문제❷ 선지자는 여로보암이 하나님을 어떻게 버렸다고 말합니까? (14:6~9)

문제❸ 여로보암의 집에서 병든 아들 아비야만 묘실에 들어갈 수 있었던 이유는? (14:11~13)

문제❹ 유다의 르호보암 왕과 유다 백성에 대한 하나님의 평가는? (14:21~24)

문제❺ 르호보암 때 솔로몬의 모든 영화를 약탈해 간 애굽의 왕은? (14:25~28)

오늘의 **묵상**

하나님은, 하나님을 버리고 온 나라를 우상숭배의 죄에 빠지게 한 북이스라엘의 여로보암 왕과 남 유다의 르호보암을 심판하십니다. 여로보암의 가문을 멸하실 때, 하나님께 선한 마음을 품은 어린 아들 아비야만 왕의 묘실에 장사 됩니다. 르호보암에 대한 심판은, 애굽의 시삭에게 솔로몬 시대의 영화의 상징이던 모든 것을 빼앗기게 하십니다.
하나님 심판의 예언은, 반대로 돌이킬 기회를 주시는 것이기도 합니다.

오늘의 **적용**

여로보암의 어린 아들 아비야의 교훈에서, 하나님께서 나의 무엇을 보시고 은혜를 베푸실까요?

오늘의 **기도**

대한민국에 문화라는 이름으로 우상숭배가 만연해 갑니다. 교회가 깨닫고 바로 가르치게 하옵소서.

열·왕·기·상

15장

본문 소개

열왕기는 남북 왕국의 왕들을 번갈아 설명하고 있습니다. 남 유다 <르호보암– 아비얌– 아사>를 정리하고, 북이스라엘 <나답– 바아사– 엘라– 시므리– 오므리– 아합>(15:25~16:34) 왕들의 행적과 통치 현장으로 우리를 데려가고 있습니다.
15장은 유다 왕 아비얌과 아사 이야기와 북이스라엘 여로보암 왕조 멸망에 관해 쓰고 있습니다.

1. 유다 왕 아비얌(15:1-8)

아비얌은 예루살렘에서 3년을 통치했습니다. 남북 분열 왕국 시대에 두 왕국의 전쟁은 아비얌 통치에도 계속되었습니다(14:30, 15:5~6). 역대하 13:1-20은 아비얌이 에브라임에서 여로보암을 물리치고 벧엘과 여사나와 에브론과 동네들을 정복했다고 했습니다. 아비얌은 군사적으로 성과를 가져왔지만, 종교적으론 르호보암의 죄를 반복했습니다(14:22~24). 아비얌의 죄에도 불구하고 하나님은 다윗을 위하여 등불을 주셔서 그 아들 아사가 왕이 되게 하셨습니다.
유다 왕들은 <다윗의 길>로 항상 평가됩니다. 다윗이 우리아의 아내 밧세바와 범죄 한 일 외에는, 하나님 앞에 정직하고 하나님의 모든 일에 순종한 왕이기 때문입니다(5절).

2. 유다 왕 아사(15:9-24)

유다 왕 아사는 41년을 통치했습니다. 그의 어머니 '마아가'는 15:2에 따라 '할머니'로 바꾸는 것이 좋습니다. 북이스라엘 바아사 왕과의 전쟁에서 아사는 아람 왕 벤하닷에게 성전과 왕궁 곳간에 남은 은금을 주며 라마 건축을 중단시켰습니다(16~22절). 아사는 군사적으로 하나님을 의지하지 못하는 잘못을 범했지만(대하 16:7~10), 종교적으로는 다윗과 같이 하나님 보시기에 정직하게 행했습니다(11, 14절). 아사는 일평생 하나님을 향한 마음이 온전했습니다. 아사는 할머니 마아가가 아세라 종교를 추종한 것 때문에 폐위시키고 우상을 불태워버린 종교 개혁가였습니다(12, 13절).

3. 여로보암 왕조의 멸망(15:25-34)

북이스라엘 여로보암의 아들 나답이 왕이 되었으나 바아사에게 암살을 당하고 여로보암 집안이 전멸당함으로 선지자 아히야의 예언이 성취됩니다(14:10~11). 북이스라엘 첫 번째 여로보암 왕조는 두 명의 왕을 배출하고 22년 만에 막을 내렸습니다. 바아사는 이스라엘 왕이 되어 24년을 통치했으나 여로보암의 길로 행했습니다.

문제❶ 유다 왕 아비얌의 통치 기간과 하나님의 평가는? (15:1~8)

문제❷ 유다 왕 아사의 통치 기간과 하나님의 평가는? (15:9~15)

문제❸ 아사가 행한 일 중 하나님께서 기뻐하신 일은? (15:12, 13)

문제❹ 이스라엘 왕 나답의 통치 기간과 하나님의 평가는? (15:25~26)

문제❺ 이스라엘 왕 바아사의 통치 기간과 하나님의 평가는? (15:33~34)

오늘의 묵상

유다 왕조와 이스라엘 왕조를 교차 설명합니다. 유다의 아사 왕은 할머니 마아가가 우상을 숭배하자 폐위시키고 우상을 불태움으로 종교적으로는 다윗의 길로 행했습니다. 반대로 이스라엘의 나답과 바아사는 여로보암의 길을 따랐습니다.

우리가 가는 길은 다윗의 길 아니면 여로보암의 길뿐입니다.

오늘의 적용

나의 가는 길을 하나님께서 어떻게 평가하실까요?

오늘의 기도

아사처럼 하나님 뜻을 기준으로 믿음의 결단을 하겠습니다.

열·왕·기·상

16장

16장은 북이스라엘 왕조에 관해 계속 말씀하십니다. 북이스라엘 역사에서 가장 악한 왕은 <오므리 왕조>의 오므리와 그 아들 아합입니다. 아합은 북 왕국 이스라엘뿐 아니라 남 왕국 유다에도 큰 악영향을 미친 최악의 왕입니다.

16장은 북 왕국의 다섯 명의 왕을 설명하고 있습니다.

1. 이스라엘 왕 바아사(16:1-7)

여로보암 왕조를 파멸시킨 바아사에 대해 하나님은 기회를 주셨지만, 결국 바아사도 하나님 보시기에 악을 행하고 여로보암의 죄를 반복했습니다(2절). 하나님은 분노하시고 선지자 예후를 보내어 바아사와 그 가문을 여로보암 집같이 심판하시겠다고 하셨습니다(16:3~4). 여로보암과 동일한 죄에 대해 똑같이 심판하십니다. 바아사는 24년간 이스라엘을 통치했습니다.

2. 이스라엘 왕 엘라(16:8-14)

바아사의 아들 엘라가 2년 동안 통치하다가 신하 시므리에게 암살을 당하게 됩니다. 북 왕국에서 행해진 두 번째 암살입니다. 시므리는 엘라와 그 가문의 사람들을 다 죽여 심판의 예언이 이뤄졌습니다.

엘라는 성경이 어떤 평가도 하지 않을 정도로 방탕한 왕이었습니다.

3. 이스라엘 왕 시므리(16:15-20)

시므리는 왕이 된 희열도 느끼지 못하고 7일 만에 무너졌습니다. 시므리가 엘라를 암살했을 때 이스라엘 군대는 블레셋과 전쟁하다가 군대 장관 오므리를 왕으로 삼았습니다. 오므리가 군대를 이끌고 돌아와 성읍을 함락하자 시므리는 스스로 불을 질러 자살했습니다.

4. 이스라엘 왕 오므리(16:21-28)

이스라엘 군대가 오므리를 왕으로 추대했으나 디브니가 다른 왕으로 추대되어 지지하는 군대끼리 충돌했습니다. 이 내란은 약 6년간 이어진 것으로 보이며, 디브니가 죽자 오므리가 왕이 되어 6년을 통치했습니다(모두 12년). 오므리는 제일 먼저 수도를 사마리아로 옮겼습니다. 오므리는 정치, 경제면에서 뛰어난 왕이었으나 하나님 보시기에 더 악하게 행했던 왕으로 평가되었습니다(25절).

5. 이스라엘 왕 아합(16:29-34)

아합은 '바알은 나의 왕' 이름을 가진 이세벨과 결혼하여 바알 숭배자가 되었습니다. 이세벨과 함께 아합은 이스라엘을 바알과 아세라 숭배 국가로 만들었습니다. 죄는 더 심각한 죄를 가져왔습니다(30, 31, 33절).

문제❶ 선지자 예후가 바아사를 꾸짖은 이유는? (16:2)

문제❷ 하나님께서 바아사와 그 집에 내린 심판은? (16:3~4)

문제❸ 시므리가 왕이 되어 엘라의 가족과 친구들도 죽인 까닭은? (16:11~13)

문제❹ 오므리왕이 지은 죄는? (16:25~26)

문제❺ 아합왕이 범한 죄는? (16:30~33)

오늘의 묵상

북이스라엘의 다섯 명의 왕의 행적에 대해 계속 말씀하십니다. 모두 하나님 보시기에 악했지만, 아합은 이스라엘 역사상 최악의 왕으로 불립니다. 시돈 왕의 딸 이세벨과의 결혼으로 이스라엘을 바알과 아세라를 숭배하는 국가로 전락시켰고, 이 우상숭배라는 죄는 남 유다를 물들였습니다.
죄는 더 큰 죄를 가져오지만, 그것을 끊는 결단은 할 수 있습니다.

오늘의 적용

끊어내지 못하고 있는 죄와 습성을 어떻게 하겠습니까?

오늘의 기도

죄는 모양도 따라 하지 않고 흉내도 내지 않겠습니다.

열·왕·기·상

17장

본문 소개

북이스라엘 우상숭배 역사는 여보로암으로 시작하여 오므리 왕조 아합 시대에 절정에 이릅니다. 아합과 이세벨의 바알 숭배는 이스라엘 역사에 가장 심각한 영적 부패와 타락을 가져왔습니다. 하나님께서는 북이스라엘의 우상숭배에서 이스라엘을 회복하시기 위해 <엘리야– 미가야– 엘리사> 선지자를 보내셔서 이적과 말씀으로 하나님을 나타내 보이셨습니다.

17~18장에서 엘리야는 바알 종교와 영적 대결을 하고 있습니다.

1. 심판과 보호(17:1-6)

엘리야가 아합왕에게 나타나 하나님 심판을 선포합니다. 앞으로 수년 동안 가뭄이 있을 것을 경고했습니다. 가뭄의 저주를 통해 농사의 풍년과 비를 주관하는 바알의 거짓을 드러내고 아합 정부를 위협하셨습니다.

가뭄이 진행되는 동안 하나님은 엘리야를 요단 동쪽 그릿 시냇가에 숨기시고 까마귀를 통해 돌보셨습니다.

2. 사르밧 과부(17:7-16)

그릿 시냇물이 마르자 하나님은 엘리야를 바알 종교 중심지인 사르밧으로 보내셨습니다. 사르밧 과부는 엘리야를 통해 주신 하나님 말씀을 믿고 마지막 음식으로 엘리야를 대접합니다. 그리고 약속대로 밀가루와 기름이 떨어지지 않는 기적을 경험하게 하셨습니다. 엘리야가 하나님 말씀을 따라 순종할 때 하나님이 돌보셨습니다.

3. 사르밧 과부 아들(17:17-24)

사르밧 과부 아들이 갑자기 죽었습니다. 밀가루와 기름의 이적으로 하나님의 권능을 드러내신 하나님께서 이 사건을 통해 엘리야가 살아계신 하나님의 선지자이며, 하나님은 바알의 영토에서 죽은 자를 다시 살리시는 생명의 주관자가 하나님이시라는 것을 드러내셨습니다.

아들이 죽자, 엘리야를 원망했던 사르밧 과부는 이 사건을 통해 엘리야를 하나님의 사람으로, 그리고 하나님께 대한 진정한 믿음의 소유자가 되었습니다.

엘리야도 아이의 죽음을 이해할 수 없었습니다(20절). 엘리야는 기도하고 자기 몸을 아이 몸 위에 세 번 엎드리면서 기도했습니다. "이 아이의 혼이 다시 돌아오게 하옵소서" 엘리야의 기도를 들으시고 아이는 다시 살았습니다.

엘리야가 말씀에 따라 순종할 때(17:2, 8, 14, 15, 24) 하나님께서 그릿시냇가의 기적, 사르밧 과부를 통한 기적, 그리고 죽은 자를 다시 살리시는 생명의 주관자이신 하나님을 보여주셨습니다.

문제❶ 하나님께서 엘리야를 통해 아합에게 예언하신 것은? (17:1)

문제❷ 하나님은 엘리야를 그릿 시냇가에서 어떻게 먹이십니까? (17:3~6)

문제❸ 엘리야가 옮겨간 사르밧 과부의 가정 상황은? (17:9~12)

문제❹ 여인이 하나님 말씀을 믿고 순종했을 때 나타난 일은? (17:15~16)

문제❺ 사르밧 과부가 시련을 통해 깨달은 것은? (17:24)

오늘의 묵상

북이스라엘을 죄에서 돌이키시기 위해 엘리야를 통해 가뭄을 선포하십니다. 하나님은 가뭄과 아합의 손에서 엘리야의 필요를 공급하시며 보호하십니다. 그릿 시내와 사르밧 과부의 집에서 엘리야의 의식주를 공급하십니다. 사르밧 과부는 죽었다 산 아들의 사건을 통해 엘리야가 하나님의 선지자임을 진실히 믿게 됩니다. 하나님은 우리의 보호자와 공급자시며, 우리 생명의 주관자이십니다.

오늘의 적용

내가 믿음으로 순종해야 할 영역이 있다면?

오늘의 기도

하나님, 오늘도 필요한 모든 것을 공급해 주옵소서.

열·왕·기·상

18장

엘리야가 아합에게 기근을 선포한 지 삼 년이 되었습니다(약 5:17. 3년 반). 하나님과 바알의 대결에서, 비와 풍요를 준다는 바알은 완패했습니다. 아합과 이세벨은 바알을 국교로 삼았는데, 바알이 거짓이고 아합도 무능한 왕이라는 사실이 드러났습니다. 하나님은 끈질기게 자기 백성을 긍휼히 여기셨습니다.

1. 아합에게 가라(18:1-15)

하나님이 엘리야에게 '아합에게 가라'고 말씀하셨습니다. 가는 길에 오바댜를 만납니다(7절). 오바댜는 하나님을 경외하는 사람으로 이세벨이 하나님의 선지자들을 멸하려 할 때 선지자 100명을 두 개의 굴에 숨기고 그들을 돌보았습니다(4절). 오바댜는 아합이 신뢰했던 사람이었던 것 같습니다(3~6절). 엘리야가 길에서 오바댜를 만나 오바댜에게 자신에 대해 보고하라고 말하자 오바댜는 그로 인해 발생할 어려움을 예상하고 거절합니다(9~14절). 그러자 엘리야는 직접 아합을 찾아가겠다고 합니다.

2. 아합을 만나다(18:16-19)

아합이 엘리야를 만났습니다. "이스라엘을 괴롭히는 자여 너냐?" 엘리야는 아합에게 기근의 원인은 자신이 아니라 아합이 하나님을 버리고 바알을 숭배했기 때문임을 지적합니다. 그리고 그 사실을 입증하기 위해 갈멜산으로 바알과 아세라 선지자를 데려오라고 말합니다. 대결을 통해 참 하나님을 공개적으로 증명하고자 했습니다.

3. 엘리야의 승리(18:20-40)

여호와와 바알 중 누가 진정한 신인가? 엘리야는 '여호와가 하나님이면 그분을 따르고, 바알이 하나님이면 그를 따르라'(21절)고 외쳤습니다.

대결의 규칙은 소 한 마리를 제물로 삼아 자기 신에게 바치되 불을 내려 제물을 태우는 신이 '참 신'임을 정했습니다. 바알 선지자들은 실패하고 엘리야가 저녁 제사를 드릴 시간에 무너진 12개의 돌로 제단을 쌓고, 제물에 12통의 물을 부은 후 하나님께 기도했습니다(37절). 하나님은 불로 응답하셨고 백성들은 "여호와가 하나님이시다"를 외쳤습니다(39절).

4. 큰 비가 내리다(18:41-46)

바알 선지자들을 처형한 후 큰 비가 내릴 것을 선언하고 엘리야는 갈멜산 꼭대기에서 비를 위해 기도했습니다. 바다 쪽에 구름이 떠오를 때까지 일곱 번을 기도했습니다. 기도 없이 하나님 약속과 말씀은 성취되지 않습니다.

성경 공부

문제❶ 이스라엘이 만난 극심한 가뭄의 원인은? (18:18)

문제❷ 엘리야가 바알과 아세라 선지자들을 갈멜산에 모은 이유는? (18:19~21)

문제❸ 엘리야가 열두 돌을 취해 여호와의 단을 수축한 의미는? (18:30~31)

문제❹ 하나님께서 '참 신'이심을 어떻게 나타내셨습니까? (18:38~39)

문제❺ 하나님의 비의 약속과 엘리야의 기도에서의 교훈은? (18:41~46)

오늘의 묵상

하나님은 지금까지의 상황을 정리하기 위해 엘리야를 아합에게 보내십니다. 드디어 엘리야를 만난 아합은, 오랜 시간 자기를 괴롭힌 기근의 원인을 엘리야 탓으로 돌립니다. 엘리야는 잘못을 바로잡고 참 하나님을 공개적으로 증명하기 위해 갈멜산에서 바알 선지자와의 영적 싸움을 제안합니다. 하늘에서 불을 내려 엘리야의 제단과 제물을 태우시자, 모든 백성이 "여호와 그는 하나님이시로다." 고백합니다. 하나님이 약속하셨을지라도 하나님께 반드시 기도해야 합니다.

오늘의 적용

기도는 내 필요를 구하는 방식이 아닌, 하나님 뜻이 이루어지는 통로여야 합니다. 내 기도를 점검해 볼까요?

오늘의 기도

이 땅을 향한 하나님 뜻이 이루어지길 기도합니다.

열·왕·기·상

19장

갈멜산 대결에서 하나님이 참 하나님이심을 공개적으로 증명하고, 하나님이 3년 만에 사마리아에 비를 주셨습니다. 엘리야와의 대결에서 아합은 패배했지만 이세벨은 여전히 악했습니다. 하나님의 선지자들을 다 살해했던 이세벨은(18:4) 이제 엘리야를 죽이려고 합니다. 아합을 굴복시켰던 엘리야는 이세벨의 기세에 무력해졌습니다.

1. 이세벨 협박(19:1-2)

아합은 바알 종교로 이스라엘을 통치했지만, 바알 선지자들이 처형된 후 아합의 통치도 함께 무너졌습니다. 이세벨은 모든 것을 잃게 된 상황에서도 엘리야를 협박합니다. "내일 이 시간까지 너를 죽일 것이다." 이세벨은 자신이 살기 위해 엘리야를 죽여야 한다는 것을 잘 알고 있었습니다. 그런 이세벨 앞에서 엘리야는 무너집니다. 승리는 패배로 변하고 엘리야는 영적 침체에 빠져 낙담했습니다.

2. 호렙산 도피(19:3-8)

엘리야는 지쳤습니다. 그는 계속 걸어서 북이스라엘 땅을 벗어나 남 유다 땅을 지나 애굽 근처에 도착했습니다. 이스라엘 종교개혁에 실패했다고 생각하고 로뎀 나무 아래에서 죽기를 구하는 엘리야를,

하나님은 천사를 통해 떡과 물을 주시며 회복시켜 주십니다. 그리고 엘리야는 40일 주야를 걸어 호렙산에 도착했습니다.

3. 하나님의 임재(19:9-18)

"오직 나만 남았나이다" 자신의 실패를 변명하며 합리화하는 엘리야를 하나님의 산 앞에 서라고 말씀하시고 하나님 모습을 현현하셨습니다. "강한 바람, 지진, 불, 세미한 소리". 엘리야는 세미한 소리로 임재하신 하나님을 목격했습니다. "네가 어찌하여 여기 있느냐?" 다시 질문하셨습니다. 엘리야는 스스로 실패했다고 생각하고 실패에 대해 변명하고 또 변명했습니다. 하나님의 임재를 목격하고 다시 회복된 엘리야에게 새로운 사명을 주셨습니다. 하사엘과 예후에게 기름을 붓고 엘리사를 선지자로 세워야 합니다(15~17절).

4. 엘리사 선지자(19:19-21)

엘리사(하나님은 나의 구원이시다). 엘리사는 열두 겨리 소로 밭은 갈 정도로 부유한 집의 사람이었습니다. 모든 것을 포기하고 부모에게 작별 인사를 한 후 엘리야를 따라가며 수종을 들었습니다. 스스로 낙담하고 사명의 자리에서 떠난 엘리야 시대를 끝내시고, 엘리사를 통해 이어가십니다. 사명의 자리를 떠나면 하나님은 더 쓰시지 않으십니다.

문제❶ 이세벨은 사신을 통해 어떻게 엘리야를 위협합니까? (19:2)

문제❷ 절망하여 죽기를 구하는 엘리야를 어떻게 위로해 주십니까? (19:5~7)

문제❸ 하나님이 엘리야에게 어떤 질문을 던지십니까? (19:9)

문제❹ 하나님께서 엘리야에게 마지막 주시는 사명은? (19:15~18)

문제❺ 엘리야가 자기 겉옷을 엘리사에게 던져준 의미는? (19:19)

오늘의 묵상

하나님만이 참 신이심을 나타냈던 엘리야가 이세벨의 협박에 무너집니다. 도망하여 지친 엘리야를 회복시켜 다시 사명의 길로 보내시지만, 여전히 무력하게 변명합니다. 하나님은 아람의 왕이 될 사람과 이스라엘의 왕이 될 사람에게 기름을 붓게 하시고, 그리고 엘리사에게 기름을 부어 사역을 위임하게 하심으로 엘리야의 사명을 마치게 하십니다. 사명의 자리를 떠나면 하나님은 더는 쓰시지 않습니다.

오늘의 적용

나는 사명의 자리에 바로 서 있습니까?

오늘의 기도

영적 싸움에서 지치지 않도록 주님 능력을 끝까지 의지하겠습니다.

열·왕·기·상

20장

엘리야와 아합왕의 이야기가 20~22장까지 전개되고 있습니다. 아합과 아람 왕 벤하닷의 전쟁이 일어나고 하나님께서는 선지자를 통해 아합을 책망하시고 경고하셨으나 아합은 끝까지 하나님을 거역했습니다. 그럼에도 하나님은 아람과의 전쟁에서 승리를 주셨습니다. 아람을 정복할 기회였지만 아합은 친 아람 정책을 펼침으로 하나님이 주신 기회를 잃어버렸습니다.

1. 아람과의 전쟁(20:1-12)

아람 왕 벤하닷이 이스라엘을 점령하고 사마리아를 포위하며 은금과 아내와 자녀를 약탈하겠다고 말하자, 아합은 벤하닷에 대항하여 싸우고자 했습니다.

벤하닷이 사마리아 성을 다 파괴하겠다고 위협하자 아합은 '전쟁은 해봐야 아는 것'이라고 대답합니다(11절).

2. 이스라엘 승리(20:13-22)

하나님께서 선지자를 통해 아합의 승리를 약속하셨습니다. 바알 숭배자 아합에게 승리를 주시는 것은 하나님의 능력을 보여주셔서 아합과 이스라엘이 하나님께로 돌아오기를 원하셨기 때문입니다. 아합은 232명의 청년 장교와 7,000명의 군대를 이끌고 큰 승리를 거뒀습니다. 하나님은 약속대로 하나님의 능력과 주권을 보여주셨습니다.

3. 두 번째 승리(20:23-30)

아람 왕 벤하닷은 전쟁의 패인을 분석하고 평지 전투를 준비했습니다. 하나님은 선지자를 보내어 다시 승리를 약속했습니다. "너희는 내가 여호와인 줄 알리라"(28절). 이스라엘에게 하나님이 어떤 분이신지 보여주시길 원하셨습니다. 전쟁 7일째 전투가 시작되자, 아람 군대 10만 명이 죽고 아벡 성으로 도망치다가 2만 7천 명이 죽었습니다.

4. 아람 조약(20:31-34)

전쟁의 승리는 하나님이 주신 것이었습니다. '인자한' 뜻은 언약 적 충성을 뜻하는 말입니다. 벤하닷은 항복했고 아합은 벤하닷과 조약을 맺고 살려주었습니다.

아합은 하나님이 붙여 주신 아람을 자기 마음대로 처리했습니다.

5. 선지자의 책망(20:35-42)

아합의 죄를 책망하기 위해 선지자는 이야기 방식을 사용합니다. 아합이 하나님 말씀에 순종하지 않은 죄가 얼마나 큰지를 보여주고(35~37절), 죽이기로 작정한 벤하닷을 놓아줌으로 아합이 그를 대신하여 죽게 되고, 이스라엘이 아람을 대신하게 될 것을 경고했습니다. 아합은 하나님이 계속 긍휼을 베푸셨으니 깨닫지를 못했습니다.

성경 공부

문제❶ 벤하닷이 사신을 통해 협박하며 아합에게 요구한 것은? (20:5)

문제❷ 벤하닷에 요구에 대한 장로들과 백성들의 건의는? (20:8)

문제❸ 침공해 오는 아람 군대에 대한 하나님의 약속은? (20:13)

문제❹ 전쟁에 패한 벤하닷을 아합이 어떻게 합니까? (20:32~34)

문제❺ 벤하닷을 살려 보낸 것에 대한 선지자의 경고는? (20:42)

오늘의 묵상

하나님이 악한 통치자 아합에게 승리를 허락하신 이유는, 마지막까지 아합과 이스라엘이 하나님께 돌아오기를 원하셨기 때문입니다. 이스라엘은 아람과의 두 번의 전쟁에서 승리합니다. 하나님이 아람을 이스라엘 손에 넘기셨기 때문입니다. 하나님이 멸하시기로 한 벤하닷을 아합은 자기 마음대로 살려주고 조약까지 맺습니다. 이제 벤하닷 대신 아합이, 아람 대신 이스라엘이 대가를 치르게 됩니다. 하나님 말씀에 순종하지 않는 것이 가장 크고 두려운 죄입니다.

오늘의 적용

하나님께서 나에 대해 기다리며 기회를 주고 계신 것이 있습니까?

오늘의 기도

바른 결정을 하도록 항상 먼저 하나님 뜻을 여쭙겠습니다.

열·왕·기·상

21장

본문 소개

"내가 여호와인줄 알리라" 하나님은 아합과 이스라엘에게 갈멜산에서 불로 응답하심으로 3년 기근과 비의 기적을 보여주시고, 아람과의 전쟁에서 하나님이 승리를 주셨지만, 아합은 깨닫지 못했습니다. 선지자를 보내어 이 모든 일들이 하나님이 하신 일임을 증언하셨지만, 아합은 영적으로 우둔한 사람이었습니다. 벤하닷을 통해 아합에게 심판이 선언되고, 나봇의 포도원 사건을 통해 아합과 이세벨에 대한 심판이 다시 선포됩니다.

1. 이세벨과 나봇의 포도원(21:1-16)

아합이 하나님께로 돌아오지 못하는 이유는 이세벨 때문입니다. 그녀는 악이 가득한 여자로 아합을 앞세워 바알을 이스라엘 국교로 만들었습니다.

나봇은 아합의 궁 근처에 비옥한 포도원을 갖고 있었습니다. 궁궐을 확장하고 싶었던 아합은 나봇에게 포도원을 넘기라고 요청합니다. 나봇은 하나님이 주신 기업의 땅을 파는 것은 하나님이 금하신 일이므로 단호하게 거절했습니다(3절).

남편의 고민을 들은 이세벨은 음모를 꾸몄습니다. 성읍 장로와 귀족들에게 편지를 써서 나봇 살해 음모를 지시했습니다. 이세벨의 시나

리오대로 장로와 귀족들은 동네 불량배들을 고용하여 나봇이 하나님과 아합을 저주했다고 위증하게 만들고 나봇과 아들들을 돌로 쳐 죽였습니다(왕하 9:26).

하나님의 선지자를 몰살한 이세벨은 하나님의 율법에 순종하는 나봇을 죽였으며 장로와 귀족들은 그 하수인이 되었습니다. 하나님의 공의와 율법을 버린 사람들에게 남은 것은 심판입니다.

2. 엘리야의 심판(21:17-29)

하나님께서 엘리야를 아합에게 보내셔서 아합의 죄를 책망하고 개들이 심판의 도구가 되게 하셨습니다. 개들이 나봇의 피를 핥은 곳에서 아합의 피를 핥을 것이고(19절), 개들이 이세벨의 시체를 먹을 것이며 개들이 그 가족의 시체까지 먹을 것을 예언했습니다(23~24절).

❶ 여로보임과 바아사 십안처럼 멸절될 것이다(22절).

❷ 이세벨에게 충동 되어 가장 사악한 왕이 되었다(25절).

❸ 아합이 엘리야의 말을 듣고 회개했다(27절).

아합이 돌이키고 회개하자 아합의 집 심판을 한 세대 후로 연기하셨습니다. 하나님은 회개만 하면 용서하시는 분이십니다.

성경 공부

문제❶ 나봇이 말한 토지에 대한 하나님의 규례는? (21:1~6) (참고, 레 25:23)

문제❷ 나봇의 포도원을 빼앗기 위해 이세벨이 세운 음모는? (21:7~10)

문제❸ 엘리야가 나봇의 포도밭을 빼앗은 아합을 찾아간 이유는? (21:17~20)

문제❹ 아합과 이세벨에게 엘리야가 전한 심판의 예언은? (21:21~26)

문제❺ 아합이 회개하자 하나님이 베푸신 것은? (21:27~29)

오늘의 묵상

아합왕이 나봇의 포도원을 갖고 싶었지만, 하나님이 정하신 율법에 따라 팔 수 없다는 대답에, 포기는 했으나 미련은 남아있었습니다. 사실을 안 이세벨은 악한 음모로 나봇을 죽이고 땅을 탈취합니다. 이세벨은 악으로 똘똘 뭉쳐진 여인입니다. 하나님은 엘리야를 보내 아합과 이세벨의 행위에 대해 심판을 말씀하십니다. 아합이 잠시 회개하는 듯하지만, 그러나 완전히 돌이키지 않는다면 하나님의 심판은 임할 것입니다.

오늘의 적용

아직 완전히 돌아서지 못하고 있는 죄의 영역은 무엇입니까?

오늘의 기도

(　　　　　　　) 죄를 회개합니다. 하나님의 길로 온전히 행하겠습니다.

열·왕·기·상

22장

본문 소개

아합이 아람 왕 벤하닷을 살려주고 조약을 맺은 지 3년이 되었습니다. 하나님의 것을 도둑질하면 그 자신을 하나님께 바쳐야 합니다. 하나님은 벤하닷 대신 아합을 요구하셨습니다.
벤하닷이 이스라엘에서 취한 모든 땅을 돌려주겠다고 약속한 후 약속을 지키지 않자(20:34), 아합은 유다 왕 여호사밧과 함께 길르앗 라못 탈환 전쟁을 수행하다가 죽임을 당하게 됩니다.

1. 미가야 선지자(22:1-28)

아합왕과 여호사밧 왕은 결혼으로 맺어진 관계였습니다(대하 18:1). 여호사밧이 아합을 방문하자 아람이 돌려주지 않는 길르앗 라못 탈환 전쟁을 의논했습니다. 여호사밧은 하나님의 뜻을 알아볼 것을 제안했습니다.
아합의 선지자 400명(아세라 선지자들?)은 아합의 승리를 예언했습니다(6, 11~12절). 여호사밧은 다른 선지자를 찾았고 아합은 원치 않지만, 자기에게 불길한 예언을 한 예언자 미가야를 데려왔습니다. 미가야는 아합이 전쟁에서 죽을 것을 예언합니다. 거짓 선지자들로 승리를 예언하게 한 것은, 아합에 대한 하나님의 심판 계획이었습니다(14절, 19~23절). 오늘도 거짓말하는 선지자들은 미혹 당할 사람을 찾습니다.

2. 아합의 죽음(22:29-40)

아합은 하나님의 심판을 피해 보려고 여호사밧에게 왕복을 입히고 자기는 사병으로 변장했습니다.

그러나 하나님을 속일 수는 없었습니다. 아람 군대는 아합을 표적으로 전쟁하고 있었으며(31절), 한 아람 군인이 우연히 쏜 화살이 아합의 급소에 명중하여 아합이 죽게 되었습니다(34절).

전쟁이 끝나고 아합의 갑옷과 병거를 사마리아 못에서 씻었는데 개들이 와서 그 물을 핥음으로 예언이 실현되었습니다(38절).

3. 유다 왕 여호사밧(22:41-50)

여호사밧은 35세에 왕이 되어 25년 동안 통치했습니다. 여호사밧은 이비지 아사 왕처럼 종교개혁가였습니다. 하나님 보시기에 정직하게 행하고 하나님을 사랑했던 왕이었습니다. 여호사밧은 솔로몬 시대의 영화와 주권을 회복하려 했지만 실패했습니다.

4. 이스라엘 왕 아하시야(22:51-53)

아합의 아들 아하시야가 왕이 되어 2년간 통치했습니다. 아하시야도 여로보암의 악한 길과 부모의 타락을 따라 바알 숭배자 되었습니다. 그의 온갖 행위는 하나님의 진노를 가져왔습니다. 북이스라엘 왕들의 우상숭배와 악은 시간이 지날수록 더 커지고 있습니다.

성경 공부

문제❶ 아합이 아람에게서 되찾고 싶었던 땅은? (22:1~4)

문제❷ 아합왕의 죽음을 예언한 선지자는? (22:19~23)

문제❸ 하나님의 선지자 미가야의 뺨을 친 거짓 선지자는? (22:10~12, 24~28)

문제❹ 변장하고 전쟁터에 있던 아합왕은 어떻게 죽습니까? (22:29~36)

문제❺ 여호사밧이 하나님 앞에서 정직했지만 하지 않은 것은? (22:43)

오늘의 묵상

아합은 아람의 벤하닷이 조약을 어기자, 유다의 여호사밧 왕에게 청하여 아람을 칩니다. 여호사밧은 내키지 않아 하나님의 뜻을 묻자고 요구하고, 미가야 선지자는 아합의 죽음을 예언합니다. 반대로 거짓 선지자들은 이길 것이라고 예언합니다. 거짓 선지자들의 예언을 사용하여 아합을 심판하실 것입니다. 아합은 변장하고 전쟁에 나가지만, 한 아람 병사가 쏜 화살에 맞아 아합이 죽고 그의 갑옷을 사마리아 못에서 씻고 있는데 개들이 와서 그 물을 핥았습니다.
하나님을 속일 수 없습니다. 하나님 말씀은 예언하신 대로 진행됩니다.

오늘의 적용

하나님을 속일 수 없습니다. 지금 하나님 앞에서 정직하십니까?

오늘의 기도

미혹되지 않도록 하나님 말씀만을 사랑하고 따르겠습니다.

열왕기하

2 Kings

열왕기는 통일왕국의 역사로 시작하여 분열 왕국의 역사를 기록합니다. 북 왕국 이스라엘이 멸망한 역사를 먼저 다루고 남 왕국 유다 역사로 끝납니다. 열왕기 저자는 북 왕국 20명의 왕과 남 왕국 20명의 왕 중에 솔로몬(왕상 2~11장), 여로보암(왕상 11~14장), 아합(왕상 16~22장), 예후(왕하 9~10장), 히스기야(왕하 18~20장), 요시야(왕하 22~23장)왕을 중점적으로 기록했습니다. 이스라엘 역사를 영적 회복으로 이끈 선한 왕들과, 우상숭배로 이끈 악한 왕들입니다.

열왕기에는 10명의 선지자가 활동했습니다. 하나님은 선지자들을 통해 왕들을 경계하고 책망하며, 하나님의 길을 가르쳤습니다. 그중 엘리야와 엘리사의 사역이 가장 활발했습니다.

열왕기하 개요

1. 엘리사의 사역(1:1-13:25)
2. 이스라엘의 멸망(14:1-17:41)
3. 유다의 멸망(18:1-25:30)

열왕기 역사는 <신명기 언약>이 그 중심축입니다. 율법에 대한 순종과 불순종이 '다윗의 길'과 '여로보암의 길'로 대조되어 전개되었습니다. 북이스라엘 왕들은 불순종의 길을 걸었습니다. 그들은 모두 악을 행한 자들이었으며 하나님의 심판을 받았습니다.

오늘 우리도 열왕기에 나타난 하나님의 자비와 심판을 두려워하며 하나님을 섬기는 종들이 되어야 합니다.

열·왕·기·하

1장

북이스라엘 아합이 죽은 후에 그 아들 아하시야가 왕이 되었습니다(왕상 22:51-53). 아하시야가 하나님을 버리고 아버지 아합과 어머니 이세벨의 길을 따라 우상숭배와 악을 행하다가 그는 겨우 2년을 통치하고 죽음을 당했습니다. 열왕기하 역사는 아하시야의 죽음으로부터 시작하고 있습니다.

1. 두 가지 징계(1:1-2)

아하시야가 하나님을 버리고 우상을 섬기자 두 가지 징계가 임했습니다. 하나는 북이스라엘에게 조공을 바치던 모압의 배반이며, 또 하나는 낙상 사고를 통해 아하시야가 크게 다친 사건입니다. 하나님을 떠난 대가로 이스라엘의 국력은 크게 약화 되었으며, 다락방 난간에서 떨어지는 사고를 통해 아하시야는 죽음에 이르게 됩니다.

2. 엘리야의 책망(1:3-8)

아하시야는 이스라엘 하나님 여호와를 무시하고 에그론의 신 바알세붑에게 예언을 구했습니다. 아하시야가 사람들을 바알에게 보내자, 하나님께서 엘리야 선지자를 보내 두 가지를 책망하셨습니다.

"이스라엘에 하나님이 없어서 에그론 바엘세붑에게 물으러 가는가?,

네가 반드시 죽으리라." 하나님을 버린 사람들은 하나님을 의지하지 못합니다. 아하시야는 신하들의 보고를 받고 자신을 책망한 사람이 엘리야 선지자 임을 알게 됩니다.

3. 엘리야의 하나님(1:9-18)

아하시야 왕이 엘리야를 체포하기 위해 군대를 보냈습니다. 하나님을 두려워하지 않았던 아하시야는 하나님의 선지자에 대한 존중심도 없었습니다. 그는 마치 죄인에게 하듯이 엘리야에게 "내려오라."라고 명령하고 있습니다.

❶ 아하시야는 그의 부모를 통해 하나님이 어떤 분이신가를 전혀 경험하지 못했습니다. 부모가 하나님께 교만하게 행동한 것처럼, 아하시야도 하나님께 무례하게 행동하고 있습니다.

❷ 아하시야는 아버지 아합이 경험했던 것과 똑같은 경험을 하게 됩니다. 첫 번째, 두 번째 체포조는 하늘의 불로 죽임을 당했습니다. 세 번째 체포조를 이끈 오십 부장의 겸손과 간구를 보시고 하나님은 엘리야에게 왕을 만날 것을 허락하셨습니다. 엘리야는 왕을 만나 왕의 죄와 하나님의 심판을 전했습니다.

성경 공부

문제❶ 아하시야가 병 고침을 알고자 사자를 누구에게 보냈습니까? (1:2)

문제❷ 아하시야가 죽을 것을 선포한 하나님의 사람은? (1:3, 4)

문제❸ 아하시야가 죽음의 심판을 받은 원인은? (1:6, 16)

문제❹ 교만한 두 명의 오십 부장과 세 번째 오십 부장의 차이는? (1:9~14)

문제❺ 아들 없이 죽은 아하시야를 이어 이스라엘 왕이 된 인물은? (1:17)

오늘의 묵상

아버지 아합의 길을 따르는 아하시야는, 모압의 배반과 낙상으로 병을 얻고 죽음에 이르는 징계를 받습니다. 하나님께 존중하지 않고 교만했던 아하시아의 태도로 선지자에게 무례하게 행한 두 명의 오십 부장은 하나님의 불에 의해 군대까지 타서 죽습니다. 세 번째 오십 부장은 하나님과 하나님의 선지자를 존중함으로 살게 되고 주어진 임무를 완수합니다.

회개하지 않으면 하나님의 심판은 진행됩니다.

오늘의 적용

나는 하나님을 존중(사무엘상 2:30)합니까?

오늘의 기도

하나님 말씀만을 교훈으로 삼겠습니다.

열·왕·기·하

2장

본문 소개

북이스라엘 선지자가 엘리야에서 엘리사로 바뀌었습니다. 엘리야와 엘리사는 북이스라엘 오므리 왕조 시대를 담당한 선지자였습니다. 하나님께서는 시대마다 그 시대에 적합한 선지자를 보내셔서 자기 백성을 돌보고 계셨습니다.

하나님은 이스라엘 왕정 시대를 선지자를 통해서 통치하셨습니다. 선지자 엘리사 이야기는 열왕기하 13장까지 계속됩니다.

1. 엘리야를 따라감(2:1-6)

엘리야는 엘리사를 3번이나 "너는 여기 머물라"라고 요구했습니다. 그러나 엘리사는 끝까지 엘리야를 따라갔습니다. <길갈-벧엘-여리고-요단강>은 이스라엘 역사에 매우 중요한 지역이었습니다. 엘리야는 엘리사가 선지자의 길을 계속 걸어갈 것인지 그의 의지와 결단을 확인하고 또 확인했습니다. 오늘 하나님께 헌신하려는 사람들도 테스트(예수님의 광야 시험 세 가지)를 통과하고 헌신을 결단한 사람들이 쓰임 받을 수 있습니다.

2. 엘리야의 겉옷(2:7-18)

엘리야가 겉옷을 말아 요단강물을 치자 요단강이 갈라졌습니다. 엘리사도 엘리야의 겉옷으로 강물을 치자 요단강이 갈라졌습니다. 모세를 통해 홍해를 가르시고, 여호수아를 통해 요단강을 건너게 하심과 같았습니다.

❶ 갑절의 능력(2:9-11). 갑절의 능력은 아버지의 유산을 상속할 때 장자가 받는 몫이었습니다(신 21:17). 엘리사는 엘리야를 아버지라고 불렀습니다(12절). 엘리야가 불 수레와 불 말들과 회오리바람으로 승천하는 것을 목격하면서 갑절의 능력을 달라는 엘리사의 요구를 하나님이 허락해 주셨습니다.

❷ 엘리야의 겉옷(2:12-18). 엘리사는 엘리야를 "아버지, 이스라엘의 병거와 마병"으로 불렀습니다. 하나님은 선지자를 통해 자기 백성을 보호하시고, 인도하시기 때문입니다.

엘리사는 엘리야의 겉옷을 손에 잡았습니다. 교회와 가정도 엘리야의 겉옷을 다음 세대에 물려주는 책임을 다해야 합니다.

3. 엘리사의 기적들(2:19-25)

훈련생들은 엘리사를 엘리야의 후계자로 인정했습니다. 엘리사가 행한 두 가지 기적을 통해 엘리사가 감당할 두 가지 사명을 보여주셨습니다.

영적으로 더러워진 이스라엘을 소금으로 정결케 하여 열매 맺는 백성으로 변화시키고, 하나님의 영적 권위를 회복하는 일입니다.

성경 공부

문제❶ 엘리야가 길갈과 벧엘과 여리고와 요단으로 옮겨간 까닭은? (2:2~6)

문제❷ 엘리사가 엘리야를 떠나지 않고 따른 이유는? (2:3)

문제❸ 엘리사가 엘리야에게 구한 것은? (2:9)

문제❹ 어떤 현상을 보면 엘리사가 구한 것이 이루어진다고 합니까? (2:10)

문제❺ 엘리사가 성읍의 나쁜 물을 어떻게 고칩니까? (2:19~22)

오늘의 **묵상**

엘리야는 하나님의 불 수레와 불 말들과 회오리바람으로 하늘로 올라가고, 엘리사에게 사역이 위임됩니다. 하나님은 엘리사가 구한 능력을 주셨습니다. 선지 생도들도 엘리사가 엘리야의 뒤를 이은 사람임을 인정합니다. 엘리사는 한 성읍의 나쁜 물에 소금을 던져 여호와의 말씀이 물을 고쳤다고 선포함으로 깨끗한 물로 고칩니다. 하나님의 종을 희롱하는 무리에게 하나님의 권위를 세우십니다.
우리 시대에 소금의 책임을 다해야 합니다.

오늘의 **적용**

하나님께서 주시는 은혜를 사모하십니까?

오늘의 **기도**

악해져 가는 세상과 사람을 고치는 주님의 일에 소금처럼 써 주옵소서.

열·왕·기·하

3장

본문 소개

엘리사의 첫 번째 기적이 이스라엘과 모압 전쟁에서 다시 재현되었습니다. 물의 기적과 함께 선지자를 조롱하는 자들에 대한 심판이 선지자를 인정하는 상황으로 연출되었습니다.
하나님께서는 엘리사를 이스라엘에게 공개하시고, 하나님과 선지자를 신뢰할 때 하나님이 보살펴주심을 보여주셨습니다.

1. 여호람 소개(3:1-3)

아합의 아들 아하시야는 통치 2년 만에 죽고 아들이 없어, 동생 여호람이 왕이 되었습니다.
여호람은 사마리아에서 12년을 다스렸으며 아버지 아합의 우상들을 부분적으로 제거했습니다. 아버지 아합보다는 나았지만, 여전히 여로보암의 죄에서 떠나지 않았습니다.

2. 모압과의 전쟁(3:4-8)

아합이 죽자 모압이 이스라엘을 배신했습니다. 여호람은 군대를 이끌고 남 왕국 여호사밧에게 전쟁 참가를 요청하고, 여호사밧은 남 유다에 조공을 바치던 에돔 왕과 함께 전쟁에 참여하게 되었습니다.

3. 선지자와 물(3:9-20)

이스라엘, 유다, 에돔 세 왕은 길을 가다가 물이 없어 고통을 당하게 됩니다. 이스라엘 왕이 절망하자 여호사밧이 선지자를 찾았습니다. 엘리사가 행했던 두 가지 기적 중에 '선지자의 영적 권위'가 실현되는 순간입니다.

❶ 여호사밧은 엘리사에 대해 "여호와의 말씀이 그에게 있다"라고 소개하며 엘리사가 어떤 선지자인가를 보여주었습니다. 엘리야의 손에 물을 붓던 엘리사가 물 문제를 해결할 선지자였습니다.

❷ 엘리사는 하나님을 섬기는 여호사밧 왕을 보고 하나님의 뜻을 묻겠다고 했습니다. 거문고 타는 동안 엘리사는 하나님의 말씀을 듣고 골짜기에 개천을 파라고 지시했습니다.

❸ 엘리사의 기적 중 하나였던 "물"을 통해 하나님은 사람과 가축이 먹을 물을 해결하실 뿐 아니라 모압과의 전쟁에서도 물을 통해 승리하게 하셨습니다.

4. 이스라엘의 승리(2:21-27)

하나님은 유다 왕 여호사밧을 위해 승리를 주셨습니다. 모압 군대는 물에 비친 붉은 아침노을을 보고 착각을 일으켜 즉흥적으로 진격했다가 크게 패전하게 됩니다. 그러나 이스라엘 군대는 계속 진격하다가 모압 군대가 사람을 번제로 드리는 광경을 목격하고 혐오감을 견디지 못해 하나님이 주신 승리도 포기하고 돌아갔습니다.

성경 공부

문제❶ 물로 인한 위기를, 여호람과 여호사밧이 바라보는 차이는? (3:6~12)

문제❷ 엘리사가 여호람 왕을 만나준 이유는? (3:13~14)

문제❸ 엘리사가 하나님께 받아 선포한 말씀은? (3:15~20)

문제❹ 모압 군대가 이스라엘을 갑자기 공격한 까닭은? (3:22~23)

문제❺ 이스라엘이 전쟁을 마무리하지 못하고 귀환한 까닭은? (3:27)

오늘의 묵상

이스라엘은 모압과의 전쟁을 위해 이동 중 물 부족의 위기를 만납니다. 엘리사는 여호사밧의 부탁 때문에 위기에 개입하여 하나님이 지시하신 골짜기를 파서 물을 공급해 주고 모압과의 전쟁도 이기게 하실 것이라고 예언하고, 이런 일들이 하나님에게는 작은 일이라고 말합니다. 하나님은 모압 군대가 착각을 일으키게 하여 패하게 합니다. 그러나 이스라엘은 전쟁을 마무리하지 못했습니다.
하나님 뜻을 끝까지 따르는 것이 중요합니다.

오늘의 적용

엘리사에 대한 여호사밧의 평가처럼, 나는 말씀의 사람으로 인정받을 수 있습니까?

오늘의 기도

매일 하나님 말씀을 읽고 묵상하고 순종하여 마음에 새기겠습니다.

열·왕·기·하

4장

모압과의 전쟁을 통해 엘리사는 자신이 하나님이 세우신 선지자임을 증거 한 후에, 여러 이적을 통해 하나님을 배반한 이스라엘 백성들을 하나님께로 돌이키고 있었습니다.
4장에서 6장까지 하나님께서 베푸신 이적을 보여주었습니다.
백성들은 하나님을 버렸으나 하나님은 그들을 돌보셨습니다.

1. 기름병 기적(4:1-7)

선지자 훈련생 중 한 사람이 많은 빚을 남기고 죽자, 그 아내가 엘리사를 찾아 도움을 구했습니다. 엘리사는 여인의 집에 무엇이 있는가를 묻고 이웃에게 가능한 많은 그릇을 빌리라고 명령했습니다. 기름병의 기름은 빌려온 그릇을 모두 채울 때까지 멈추지 않았습니다. 하나님은 오늘 내가 가진 것을 통해서도 어려움을 해결해 주시는 분이십니다.

2. 수넴의 귀한 여인(4:8-17)

수넴에 거주하는 귀한 여인이 선지자 엘리사가 사역을 위해 오고 갈 때마다 머물 수 있도록 자기 집에 숙소를 마련해 주었습니다. 엘리사는 보상을 공손하게 거절하는 수넴의 귀한 여자를 위해 게하시에게 필요한 것을 알아보게 한 후에 아들을 낳을 것을 예언하고 그대로 되었습니다. 하나님은 우리가 섬긴 것에 대해 보상하시는 분이십니다. 열매를 맺지 못하는 물이 열매를 맺는 물이 되었습니다(2:21).

3. 죽은 아이를 살림(4:18-37)

하나님이 선물로 주신 아이가 죽자, 수넴의 귀한 여인은 아이를 선지자의 침대에 눕히고 갈멜산에 있는 엘리사를 찾아갔습니다. 게하시가 먼저 가서 선지자의 지팡이를 아이 위에 올려놓았지만 아무 일도 일어나지 않았습니다. 엘리사는 죽은 아이 위에 엎드려 두 번 기도하고 아이를 살려냈습니다. 엘리야가 사르밧 과부의 집에서 행했던 기적을 엘리사도 똑같이 행하고 있습니다. 의지하는 자들에게 언제나 능력과 기적을 베푸시는 하나님이십니다.

4. 선지자 학교(4:38-44)

길갈 선지자 학교에서 두 가지 기적이 일어났습니다. 들판에서 "채소"를 캐어 식사를 준비했지만 독이 있음을 알게 되자 국에 밀가루를 뿌려 독을 없앴고, 한 사람이 드린 보리떡 20개와 "채소" 한 자루로 오병이어 주님의 기적처럼 100여 명의 사람들이 다 배불리 먹는 기적이 일어났습니다. 선지자들은 하나님의 능력, 하나님 자비의 목격자여야 합니다.

문제❶ 죽은 생도의 가정을 엘리사가 어떻게 도왔습니까? (4:1~7)

문제❷ 엘리사를 섬기는 수넴 여인에게 하나님이 주신 선물은? (4:16)

문제❸ 갑작스레 죽은 아들을 위해 여인이 하려고 한 일은? (4:22) (17~23)

문제❹ 죽은 아이를 살리기 위해 엘리사가 취한 행동은? (4:32~35)

문제❺ 보리떡 이십 개와 채소 한 자루로 몇 사람이 먹었습니까? (4:42~44)

오늘의 묵상

엘리사는 어려움을 만난 제자 가정의 경제적 위기를, 순종하는 믿음을 통해 해결해 줍니다. 엘리사는 자기 사역을 섬기는 수넴 여인에게 하나님 약속으로 아들을 얻게 합니다. 여인의 아들이 갑자기 죽게 되자 여인은 당황하지 않고 하나님의 사람 엘리사를 찾아갑니다. 엘리사는 하나님이 주신 능력으로 아이를 살립니다. 하나님을 의지하는 사람에게는 능력과 은혜를 베푸십니다.

오늘의 적용

생도 아내와 수넴 여인같이 하나님을 의지하고 바라는 믿음이 있습니까?

오늘의 기도

어떤 상황에도 주님을 바라보고 의지하려고 하는 믿음을 주옵소서.

열·왕·기·하

5장

본문 소개

엘리야가 "불"의 선지자였다면 엘리사는 "물"의 선지자처럼 보입니다. 엘리사가 행한 기적들이 대부분 물에서 이루어졌습니다. 하나님은 초자연적 능력을 행하시는 분이시며 생명과 죽음을 주관하시는 분이셨습니다. 이스라엘의 택한 백성을 돌보실 뿐만 아니라 하나님을 믿는 이방민족에게도 은혜와 구원을 베푸셨습니다. 믿음은 하나님의 은혜의 문을 여는 열쇠입니다.

1. 나아만과 나병(5:1-4)

나아만은 아람의 군대 장관입니다. 아합 임금이 아람과의 전쟁에서 사망했는데(왕상 22장), 아람의 막강한 군사력 뒤에 나아만이 있었습니다. 하나님도 나아만을 아시고 그를 통해 아람을 구원하시고 치유하셨습니다.

나아만이 하나님의 치유를 경험할 수 있었던 것은 그의 집에 포로로 끌려온 이스라엘 소녀를 통해서였습니다. 소녀는 나아만의 아내에게 사마리아에 나아만의 병을 고칠 수 있는 선지자가 있다고 말했습니다. 히브리 소녀처럼 하나님의 은혜의 자리로 데려가 주는 사람이 곁에 있어야 하고, 우리가 하여야 합니다.

2. 나아만과 엘리사(5:5-14)

나아만은 은 10달란트와 금 6천 개, 아람왕의 친서를 들고 이스라엘 왕을 찾았습니다.

엄청난 물품을 들고 온 나아만 장군을 보고 이스라엘 왕은 전쟁할 기회를 찾으려 음모를 꾸민다고 생각하고 사기 옷을 찢었습니다. 이스라엘 왕 여호람은 하나님과 선지자에 대한 신뢰도, 믿음도 전혀 없는 사람이었습니다. 나아만 집에 있는 소녀와는 비교가 안 되며 나아만 장군보다도 믿음이 없는 사람이었습니다.

❶ 엘리사는 나아만 장군을 자기에게 보낼 것을 요청했습니다. "그가 이스라엘 중에 선지자가 있는 줄을 알리이다"(8절).

❷ "요단강에서 일곱 번 몸을 씻으라" 엘리사의 환대를 기대했던 나아만은 실망과 분노로 돌아가려 했습니다. 그때 나아만의 종이 나아만을 진정시켰습니다. 요단강에 몸을 담근 나아만에게 나병이 사라진 기적이 일어납니다. 이스라엘 소녀와 나아만의 종이 믿음의 안내자들이었습니다.

3. 나아만과 게하시(5:15-27)

나아만은 엘리사를 찾아가 "이제 이스라엘 외에는 온 천하에 다른 신이 없는 줄을 아나이다"(15, 17절) 고백하고, 답례로 선물을 주고자 했으나 엘리사가 거절했습니다. 그러나 집으로 돌아가는 나아만을 좇아 재물을 탐한 게하시는 저주를 받아 나아만의 나병에 걸렸습니다.

문제❶ 아람의 군대 장관 나아만이 만난 중한 병은? (5:1)

문제❷ 나아만에게 이스라엘의 선지자를 소개한 사람은? (5:2~4)

문제❸ 나아만 때문에 이스라엘 왕이 오해한 것은? (5:5~7)

문제❹ 엘리사의 치료 방법에 나아만이 분노한 이유는? (5:8~11)

문제❺ 재물을 탐하고 거짓말을 한 게하시에게 벌어진 일은? (5:22~27)

오늘의 묵상

이방 사람 나아만에게 나병이 생겼습니다. 자기 집에 있는 이스라엘 여종의 말을 따라 하나님의 능력을 믿고 엘리사 선지자를 찾아갑니다. 엘리사를 찾아가지만, 엘리사의 환대 태도와 치료 방법에 분노하여 돌아가겠다고 합니다. 그러나 지혜로운 종의 만류로 순종하여 하나님의 치료 기적을 경험합니다.

하나님을 믿는 사람에게는 은혜와 구원을 베푸십니다.

오늘의 적용

어린 소녀와 지혜로운 종의 역할도 나의 책임이라고 동의합니까?

오늘의 기도

하나님의 독생자 예수님을 믿음으로 구원의 은혜 주심을 감사합니다.

열·왕·기·하

6장

선지자 학교에서 일어난 기적도 "물"에서 일어났습니다. 죽음의 물이 생명을 주는 물로 바뀌고 있습니다. 선지자의 도끼 기적 사건과 아람 군대가 이스라엘을 침략해 온 전쟁에서 자기 백성을 구원하시는 엘리사의 기적이 계속되고 있습니다.

1. 선지자의 도끼(6:1-7)

선지자 훈련생들의 숫자가 늘어나자 새로운 처소 건축을 위해 나무를 베던 중 빌려온 도끼를 요단강에 빠트립니다. 당시 쇠로 만든 도끼는 매우 비싼 귀중품이었습니다. 나아만을 치료했던 "물"의 장소에서 하나님은 가난한 선지 생도의 곤경을 나뭇가지 하나로 해결해 주셨습니다.

2. 아람 군대를 물리침(6:8-23)

나아만 장군과의 "요단강" 연결점에서 "아람"과의 전쟁이 연결되고 있습니다.

아람이 이스라엘과 전쟁 작전을 세우면 선지자 엘리사가 미리 알고 이스라엘 왕으로 대비하게 하였습니다. 엘리사는 살아있는 도청기 같았습니다. 아람 왕은 인간 도청기 엘리사를 제거하려고 대규모 군대를 보냈습니다. 엘리사는 먼저 아람 군대를 보고 놀라는 사환을 위해 기도하자 눈이 열려, 불 말과 불 병거가 산에 가득하여 엘리사를 에워싸 보호하고 있는 것을 보게 했습니다(17절).

이제 엘리사는 아람 군대의 눈을 어둡게 하여 20km 정도 떨어진 사마리아 성에 데려간 후에 눈을 열게 했습니다. 그리고 포로로 잡힌 아람 군대에게 음식을 먹게 하고 생명의 은혜를 베풀어 돌려보냈습니다.

3. 아람 군대의 포위(6:24-33)

이스라엘의 자비로 무사히 돌아온 아람 군대는 한동안 이스라엘을 침략하지 못했다가 아람 왕 벤하닷 때에 다시 전쟁을 일으켜 사마리아 성을 포위했습니다.

이스라엘 왕 여호람과 사마리아 성은 굶주림에 지쳐갔습니다. 먹을 것이 없자 나귀 머리, 비둘기 똥에 들어있는 곡식 낟알, 심지어 자식까지 잡아먹는 일이 성안에서 일어났습니다.

여호람은 "하나님이 돕지 아니하시면 내가 어떻게 도우랴, 이 재앙이 하나님께로 왔으니 어찌 더 여호와를 기다리리요" 그는 아직도 하나님을 믿지 못하고, 선지자 엘리사를 제거하기 위해 자객을 보냈습니다. 엘리사는 미리 알고 대비했습니다(32절).

어떤 사람들은 여호람처럼 하나님의 은혜와 구원과 기적을 거듭 체험하지만, 하나님께 대한 믿음을 끝까지 배우지 못합니다.

문제❶ 새로운 처소를 세우기 위해 나무를 베다가 도끼를 빠뜨린 곳은? (6:1~7)

문제❷ 엘리사는 아람 군대를 어떻게 포로로 잡았습니까? (6:14~19)

문제❸ 엘리사는 포로로 잡은 아람 군인들을 어떻게 대우하게 합니까? (6:20~23)

문제❹ 엘리사가 포로들을 돌려보낸 까닭은? (6:22)

문제❺ 여호람 왕은 선지자 엘리사에게 어떻게 행하려 합니까? (6:31) (24~33)

오늘의 묵상

엘리사는 나뭇가지로 가난한 선지 생도들이 처한 곤경을 해결합니다. 아람의 호전성은 이스라엘의 틈을 노리지만 계획마다 이스라엘에게 알려집니다. 하나님의 사람 엘리사가 이스라엘 땅에서 아람의 계획을 다 듣고 있었습니다. 엘리사를 제거하려고 보내진 아람 군대는 도리어 사로잡히지만, 엘리사는 은혜를 베풀어 돌려보냅니다. 다시 아람의 벤하닷은 사마리아를 포위하고 고립시켜 고통으로 몰아가지만, 이스라엘 왕 여호람은 하나님을 의지하지 않습니다.

오늘의 적용

하나님을 어떻게 의지하고 있습니까?

오늘의 기도

어떤 상황에서도 하나님을 바라보고 의지하겠습니다.

열·왕·기·하

7장

이스라엘 왕은 재앙이 여호와께로부터 온 것이니, 하나님을 더 기다릴 수 없다고 소리쳤습니다(6:33). 베옷도 입었지만(6:30), 하나님을 간절히 의지하지 못하고 분노하며 선지자의 우두머리 엘리사를 제거하려고 합니다. 엘리사는 내일 하나님이 기적을 행하실 것을 말했습니다. 하나님을 기다리는 사람들은 하나님이 구원하실 때까지 기다려야 합니다.

1. 하나님의 시간(7:1-2)

믿음은 기다림으로 입증됩니다. 하나님을 형식적으로 의지하는 믿음을 하나님은 거절하셨습니다. 이제 내일이면 사마리아 성의 기근이 해결될 것을 엘리사가 구체적으로 예언했습니다. 그러나 엘리사의 예언을 믿지 못하는 신하 중 한 사람이 "하늘에 창을 내신들 어찌 이런 일이 있으리요?" 하나님의 능력을 불신했습니다. 엘리사는 "네 눈으로 보리라 그러나 먹지는 못하리라"라며 그의 죽음을 예고했습니다. 왕과 신하가 모두 하나님을 믿지 못하는 불신의 사람들이었습니다.

2. 하나님의 구원(7:3-8)

하나님은 이스라엘 사회에서 버림받은 네 명의 나병환자를 통해 이스라엘을 구원하셨습니다. 죽음을 각오하고 아람 군대에 항복하러 가던 네 명의 나병환자의 발걸음이 아람 군대에는 병거와 말과 큰 군대의 소리로 들렸습니다(6절). 하나님은 인간의 눈과 귀를 열기도 닫기도 하시며 능력과 기적으로 자기 백성을 보호하셨습니다.
아람 군대는 큰 군대의 소리에 놀라 말과 나귀도 버리고 도망쳤습니다. 나병환자들은 아람 진영에서 굶주림을 해결했습니다.

3. 엘리사 예언의 성취(7:9-20)

나병환자들은 이 기쁜 소식을 사마리아 성에 알리기로 했습니다.

❶ 하나님이 주신 구원과 복을 나누기 위해 사마리아 성에 알렸지만, 왕과 신하들은 믿지 못하고 정탐꾼을 보냈습니다. 아람 군대가 매복 유인 작전을 펼치는 것으로 오해했습니다.

❷ 정탐꾼들이 돌아와 나병환자의 소식이 사실임을 전하자, 사마리아 성문이 열렸습니다. 엘리사의 예언대로 물가가 정상이 되어 고운 밀가루 한 스아를 한 세겔에, 보리 두 스아를 한 세겔에 거래했습니다(16절).

❸ 엘리사의 예언을 믿지 못하고 빈정거렸던 왕의 신하는 선지자의 예언대로, 성문이 열리자 몰려나가는 백성들에게 밟혀 죽었습니다(19~20절).

성경 공부

문제❶ 밀가루와 보리 매매 가격에 대한 예언이 의미하는 것은? (7:1, 2)

문제❷ 아람 군대가 모든 것을 버리고 급히 도망간 까닭은? (7:5~7)

문제❸ 나병환자들이 목숨을 걸고 아람 진영으로 간 이유는? (7:3~4)

문제❹ 아람 진영의 실상을 목격한 나병환자들이 결심한 것은? (7:9)

문제❺ 나병환자들의 증언에 대한 이스라엘 왕의 반응은? (7:12)

오늘의 **묵상**

하나님은 사마리아의 물가가 예전으로 회복될 것이라는 예언으로 은혜를 베푸십니다. 신하 중 한 사람은 엘리사의 예언을 의심하고, 엘리사는 예언은 이루어지지만 신하는 그것을 누리지 못할 것이라고 말합니다. 아람 진영으로 향하는 나병환자 4명의 발걸음 소리를, 아람에게 큰 군대의 병거와 말의 소리로 들리게 하십니다. 아람 군대는 혼비백산하여 도망했고, 나병환자들은 아람 진영의 소식을 사마리아 성에 알립니다. 하나님의 사람 엘리사의 예언을 믿지 않은 신하는 예언대로 됩니다.

오늘의 **적용**

하나님 말씀을 의심 없이 믿고 있고 순종하고 있습니까?

오늘의 **기도**

이 나라를 하나님을 믿고 따르는 나라로 회복시켜 주옵소서

열·왕·기·하

8장

엘리야를 통해 오므리 왕조(아합)의 멸망을 예언하신 후, 하나님은 엘리사를 통해 계속 하나님의 살아계심을 증거 했습니다. 그러나 이스라엘은 회개하지 않았습니다. 하나님을 계속 거부하던 오므리 왕조의 심판 이야기가 시작되고 있습니다.

1. 수넴의 귀한 여인(8:1-6)

수넴의 귀한 여인은 엘리사의 권면에 따라 7년 기근을 피해 블레셋 땅에 거주했다가 돌아왔을 때 땅의 소유권을 상실했습니다. 여인은 왕에게 땅의 소유권을 청원하러 갔습니다. 마침 사환 게하시가 왕에게 엘리사 선지가가 행한 일들을 설명하던 중 여인이 왕 앞에 이르렀습니다. "왕이여 바로 이 여인입니다." 귀한 여인은 자기의 재산 회복을 위해 더 설명할 필요가 없었습니다. 선지자를 섬기고 그 말대로 순종한 사람은 하나님이 친히 돕고 계셨습니다(마 10:40-42).

2. 아람의 하사엘(8:7-15)

엘리사가 아람 다메섹을 방문했을 때, 아람 왕 벤하닷이 낙타 40마리 분량의 예물과 함께 하사엘을 보내 자신이 살 수 있는지를 엘리사에게 물었습니다.

엘리사는 벤하닷이 질병으로 죽지 않겠지만 실해당할 것을 말하고 하사엘을 쏘아보고 울음을 터트렸습니다. 하사엘이 아람의 왕이 되고 이스라엘을 잔인하게 괴롭힐 것을 선지자가 보았기 때문입니다.

3. 유다 왕 여호람(8:16-24)

북이스라엘 왕 여호람(요람)과 남 유다 왕 여호람 이름이 같습니다. 여호람은 32세에 왕이 되어 8년을 통치했습니다. 그의 아버지 여호사밧은 하나님을 경외했던 왕이었지만 여호람은 아합의 딸과 결혼하여 이스라엘 왕들의 길로 행한 왕이 되었습니다(18절). 그로 인해 이세벨의 영향력이 남 유다까지 우상숭배에 빠지게 했습니다. 하나님께서 남 유다를 멸하지 않으신 이유는 다윗의 언약 때문입니다. 여호람이 하나님을 떠나자, 군사력이 크게 약화 되어 에돔과 립나가 배반했습니다. 왕의 타락은 군사력 약화를 가져왔습니다.

4. 유다 왕 아하시야(8:25-29)

여호람의 막내 아들 아하시야가 22세에 왕이 되어 1년을 다스렸습니다. 아하시야의 어머니 아달랴는 아합의 딸이었습니다. 그녀는 다윗의 왕조를 더럽혔습니다. 아달랴로 인해 북이스라엘 요람과 남 유다 아하시야가 한자리에 있다가 예후에게 함께 죽임을 당하게 됩니다.

문제❶ 수넴 여인이 자기 집과 전토의 소유권을 잃은 배경은? (8:1~6)

문제❷ 아람 왕 벤하닷이 하사엘을 엘리사에게 보낸 까닭은? (8:9)

문제❸ 엘리사가 하사엘의 얼굴을 쏘아보고 운 이유는? (8:12)

문제❹ 하나님께서 남 유다에게 은혜를 베푸신 이유는? (8:16~19)

문제❺ 요람이 아람 왕과 싸우다 부상을 입은 장소는? (8:25~29)

오늘의 묵상

하나님의 사람을 섬겼던 수넴 여인에게 잃은 땅의 소유권을 회복시켜 주십니다. 하나님 말씀에 순종하고 섬겼던 여인을 외면하지 않으셨습니다. 벤하닷의 사신 하사엘을 만난 엘리사는, 장차 그가 이스라엘에게 행할 악한 행위 때문에 울음을 터트립니다. 유다의 여호람이 이세벨의 영향으로 하나님을 떠나자 배반을 통해 그의 왕권이 약해집니다.
유다가 누리는 긍휼의 은혜는 하나님이 다윗에게 하신 언약 때문입니다.

오늘의 적용

하나님은 그분께 신실한 사람을 인도하신다는 것을 알고 있습니까?

오늘의 기도

하나님을 가까이하는 것이 복임을 알게 해주셔서 감사합니다.

열·왕·기·하

9장

 본문 소개

북이스라엘 오므리 왕조에 대한 하나님 심판이 진행됩니다. 아합에 대한 심판을 그 아들 시대에 행하시겠다고 하셨는데(왕상 21:27-29), 그때가 되었습니다. 하나님은 엘리야에게 예후를 왕으로 세우라고 명령하셨고(왕상 19:16), 엘리사가 예후를 세워 오므리 왕조, 아합의 집을 심판하셨습니다.

1. 예후가 왕이 됨(9:1-13)

엘리사는 제자를 길르앗 라못으로 보내 예후에게 기름 부어 왕을 삼고 하나님께서 그를 왕으로 세우신 목적을 분명하게 알렸습니다.

"아합의 집을 치라"

예후를 하나님 심판의 대리자로 세우셔서, 선지자와 하나님 종들의 피 값을 이세벨에게 갚겠다고 하셨습니다. 아합의 집이 멸망하고 개들이 이세벨의 시체를 먹게 될 것을 말씀하셨습니다.

이스라엘 장군들은 예후의 말을 듣고 즉시 "예후는 왕이라" 나팔을 불고 선포했습니다.

2. 아합의 아들 요람 제거(9:14-26)

예후는 현 정권을 제거하러 이스르엘로 떠났습니다. 예후가 온다는 사실을 확인한 이스라엘 왕 요람과 유다 왕 아하시야가 병기를 타고 예후를 나봇의 토지에서 만났습니다. 하나님은 엘리야를 통해 예언하셨던 나봇에 대한 심판을 실현하셨습니다(왕상 21:19-22).

예후를 피해 도망치던 요람은 예후의 활에 맞아 죽었고 그 시체를 나봇의 밭에 던짐으로 하나님 예언이 성취되었습니다(25~26절). 사람은 무엇을 심든지 그대로 거두게 됩니다.

3. 아합의 사위 아하시야 제거(9:27-29)

예후는 유다 왕 아하시야를 추격하여 므깃도에서 죽게 했습니다. 아하시야가 아합 집안의 사위였기 때문입니다. 아합 집안의 모든 남자를 심판하시겠다고 하신 예언이 이루어졌습니다.

4. 아합의 아내 이세벨 제거(9:30-37)

이제 예후가 이세벨을 제거할 차례입니다. 지난 수십 년 동안 바알과 아세라 우상을 북 왕국 국교로 삼고 선지자들을 살해했으며, 정략적 결혼으로 남 유다 다윗의 왕조마저 우상숭배로 파괴하려 했던 이세벨이 마침내 심판을 받았습니다. 죽음의 순간까지 짙은 화장을 하고 머리를 치장하던 이세벨은 창밖으로 내던져 죽음으로 엘리야 예언이 그대로 이루어졌습니다.

문제❶ 엘리사가 제자를 보내 '예후'에게 기름을 붓고 외치라고 한 말은? (9:1~6)

문제❷ 하나님께서 예후를 왕으로 세우신 목적은? (9:7~10)

문제❸ 요람 왕의 신복들이 예후에게 취한 행동은? (9:11~13)

문제❹ 예후가 요람을 죽인 후 시체를 나봇의 밭에 던진 이유는? (9:14~26)

문제❺ 창밖으로 던져진 이세벨의 시체에 대한 예언은? (9:30~37)

오늘의 **묵상**

하나님께서 예후를 왕으로 세우신 것은, 아합의 집을 쳐서 선지자들의 입을 통해 예언하신 것을 이루기 위함입니다. 먼저 아합의 아들 요람을 죽여 나봇의 밭에 던집니다. 다음으로 아합의 사위 유다의 왕 아하시야를 죽여 아합 가문의 남자들에 대한 예언을 이루십니다. 그리고 이세벨의 시체가 창밖으로 던져져 들개들이 먹음으로 예언대로 됩니다. 하나님은 사람의 행위대로 거두게 하십니다.

오늘의 **적용**

나를 향한 하나님의 뜻을 알고 있습니까?

오늘의 **기도**

하나님의 뜻에 항상 '아멘'으로 순종하도록 성령님께서 주관하옵소서.

열·왕·기·하

10장

예후는 신속하게 요람과 아하시야를 죽이고 이세벨을 죽임으로 하나님이 엘리야를 통해 주신 예언을 성취했습니다. 이스라엘 민족으로 우상숭배의 죄에 빠지게 만들고, 선지자들을 죽이며 백성들을 저주의 자리로 이끈 것과, 나봇의 억울한 죽음에 대한 심판도 예후가 집행했습니다.

1. 아합의 자손들 살해(10:1-11)

예후는 이스라엘 관리들에게 아합의 자손 중 한 사람을 세운 후 자신과 대결하자는 편지를 보냈습니다. 아합 편에 설 것인지, 예후의 편에 설 것인지 결정하라는 뜻이었습니다. 그들이 예후 편에 설 것을 정하자, 예후는 아합의 자손 70명을 죽일 것을 명령했습니다(6절).

예후는 백성들 앞에서 "여호와께서 아합의 집에 하신 말씀과 엘리야를 통해 하신 예언이 이제 이루어졌다"라고 선포했습니다. 하나님은 예후의 순종을 통해 아합의 집을 심판하셨습니다.

2. 아합의 친족들 살해(10:12-14)

예후는 이스르엘을 떠나 사마리아로 가는 도중에 유다 왕 아하시야의 형제들을 만났습니다. 그들은 최근 일어난 일에 대해 전혀 알지 못하고 이세벨에게 문안하러 간다고 대답했다가 모두 죽임을 당했습니다.

3. 아합의 나머지 친족들 살해(10:15-17)

예후는 사마리아로 가는 도중에 여호나답을 만나 함께 사마리아로 가서 아합의 지지자들을 모두 처형했습니다. 레갑의 아들 여호나답은 하나님께 대한 순결하고 신실한 신앙을 가진 사람들이었습니다(렘 35장). 두 사람은 함께 바알 종교의 뿌리를 뽑고 있습니다.

4. 바알 숭배자 살해(10:18-28)

예후는 속임수를 써서 바알을 숭배하는 제사장과 예언자들을 바알 신전에 모으고 그들을 모두 처형했습니다. 엘리야가 갈멜산에서 바알 선지자들을 처형한 것처럼 선지자들을 제거하고 우상과 제단을 태우고 깨뜨렸습니다. 엘리야가 시작한 바알 제거를 예후가 마무리했습니다.

5. 예후가 죽다(10:29-36)

예후는 바알의 뿌리를 뽑았습니다. 그러나 여로보암의 죄에서 떠나지 못했습니다. 그럼에도 하나님은 예후 왕조가 4대를 지내게 될 것을 약속하셨습니다.

예후가 하나님께 온전히 충성하지 못하자(29, 31절), 이스라엘 영토를 조금씩 이방인 손에 넘어가게 하셨습니다(32절). 예후는 사마리아에서 28년 동안 이스라엘을 통치했습니다.

문제❶ 예후의 명령으로 아합 집의 왕자 몇 명을 죽입니까? (10:1~11)

문제❷ 예후의 행동은 어떤 하나님의 선지자 예언을 따른 것입니까? (9:10, 17)

문제❸ 예후와 손을 잡고 아합 집을 치는 일에 참여한 사람은? (10:15~17)

문제❹ 예후 자신은 어떤 죄에서 떠나지 못했습니까? (10:25~31)

문제❺ 예후가 행한 일에 대해 몇 대까지 왕위를 보장하십니까? (10:30)

오늘의 묵상

예후를 통해 아합 집안 심판 예언을 이어가십니다. 아합의 자손들 70명에 이어 아합의 친족들도 심판합니다. 끝으로 아합의 남은 친족들과 바알 숭배자인 제사장과 예언자들을 처형하고 우상을 부수고 제단을 불태움으로 예언 실천을 마무리합니다. 예후가 하나님 명령을 잘 행했지만, 정작 자신은 벧엘과 단의 금송아지 숭배를 버리지 못했습니다.

오늘의 적용

하나님은 말씀하신 것은 반드시 이루시는 분이라고 믿고 있습니까?

오늘의 기도

내가 먼저 하나님 말씀을 바로 알고 따르겠습니다.

열·왕·기·하

11장

본문 소개

유다 왕 여호사밧의 친이스라엘 정치는 아합 집안과 사돈까지 맺게 되었고, 하나님께서 예후를 통해 아합의 집을 심판하실 때, 남 유다 왕 아하시야까지 죽임을 당하게 되었습니다.
남북 왕국이 서로 다른 종교를 가진 채 평화의 관계를 유지하려고 했던 것은 여호사밧의 인간적 선택이었습니다. 그 결과 아합의 집에 남은 사람 아달랴가 남 왕국에서 정권을 갖게 됩니다.

1. 아달랴의 반역(11:1-3)

북 왕국에서 아합의 집은 제거되었지만 남 왕국엔 아직도 남았습니다. 아합의 딸, 아하시야의 어머니 아달랴가 죽은 아들을 대신하여 정권을 잡았습니다.
이세벨은 죽었지만, 아직 죽지 않았습니다. 아달랴는 다윗 왕가의 사람들을 전부 살해하고 여왕이 되어 6년을 통치했습니다.
다윗 왕조의 등불이 꺼질 위기에서 아하시야 왕의 누이 여호세바가 아하시야의 아들 요아스 왕자를 빼내어 양육했습니다. 요아스는 가장 안전한 여호와의 성전에서 숨어 지냈습니다.

2. 여호야다의 반란(11:4-16)

대제사장 여호야다가 은밀하게 다윗 왕권을 다시 세울 쿠데타를 꾸몄습니다. 여호야다는 군대 장교들과 치밀한 계획을 세우고 거사를 진행 시켰습니다. 사람들이 가장 많이 모이는 안식일에 군대를 세 그룹으로 나눠 성전을 지키는 동안 요아스 왕 즉위식을 거행했습니다.

요아스 왕에게 왕관을 씌우고 율법책을 주며 기름을 부어 왕으로 삼았습니다. 다윗 왕조에 다시 등불이 켜졌습니다. 이세벨의 딸 아달랴는 이세벨과 똑같이 비참한 죽임을 당했습니다.

3. 여호야다의 개혁(11:17-21)

여호야나가 처음 한 일은 하나님과 인약을 맺는 일이었습니다. 하나님과 백성, 왕과 백성 사이에 언약을 맺고 다윗 왕조를 새롭게 했습니다. 거룩한 땅이 바알 숭배로 더럽혀져 있었기 때문입니다.

하나님과 언약을 새롭게 한 후에 백성들은 바알 신전을 허물며 제단을 뒤엎고, 신상들을 파괴하며 바알 제사장들을 제거했습니다. 유다 모든 백성이 이 개혁의 자리에 참여했습니다.

예후가 주도한 바알 숭배 제거가 여호야다 대제사장으로 이어져 언약의 땅을 정결케 했습니다. 북이스라엘에 아직 금송아지 제단이 남았지만, 남 유다는 하나님과 언약을 새롭게 했습니다.

성경 공부

문제❶ 아달랴가 왕의 자손 모두를 죽인 이유는? (11:3)

문제❷ 제사장 여호야다가 요아스에게 성전에서 행한 일은? (11:12)

문제❸ 여호야다는 요아스를 왕으로 세우고 어떤 책을 주었습니까? (11:9~12)

문제❹ 여호야다가 요아스를 왕으로 세우고 가장 먼저 한 일은? (11:17)

문제❺ 왕과 백성들이 여호와와 언약을 맺은 후 백성이 행한 일은? (11:17~20)

오늘의 묵상

남 유다에 남아있던 아합의 불씨 아달랴가 다윗 가문의 사람들을 살해하고 죽은 아들을 대신해 스스로 통치자가 됩니다. 여호야다 제사장은 살아남은 다윗 왕조의 요아스를 성전에서 왕으로 세웁니다. 그리고 아달랴 역시 이세벨처럼 비참한 죽임을 당합니다. 여호야다의 주도로 바알 숭배로 더럽혀진 유다에 하나님과의 언약을 새롭게 하고 개혁이 진행됩니다.

개혁은 하나님과의 언약을 회복하는 것입니다.

오늘의 적용

하나님과 맺은 언약을 잘 지키고 있습니까?

오늘의 기도

하나님과 언약을 회복하고 신앙변혁을 위해 삶을 드리겠습니다.

열·왕·기·하

12장

이세벨의 딸로 인해 다윗 가문에 큰 위기를 겪었으나 요아스를 통해 다윗 왕조를 지켜주셨습니다. 하나님은 다윗과의 약속을 지키셨습니다. 요아스는 다윗과 솔로몬처럼 40년을 통치하며 다윗 왕권을 회복했습니다. 요아스 왕은 대제사장 여호야다에 의해 신앙의 문이 열리고 닫혔습니다.

1. 요아스의 통치(12:1-3)

요아스는 어린 나이에 왕이 되어 안정적으로 남 유다를 다스렸습니다. 요아스는 예루살렘 성전 중심 정책을 펼치며 유다의 개혁을 주도했으나 대제사장 여호야다가 죽자 요아스의 개혁도 함께 멈췄습니다. 영적 지도자가 없으면 하나님께 끝까지 쓰임 받지 못합니다(대하 24:17).

2. 예루살렘 성전 보수(12:4-16)

솔로몬 성전은 이미 100여 년이 넘었고 바알 숭배로 성전은 약탈 되고(대하 24:7) 방치되어 있었습니다. 요아스 왕은 성전에 바치는 모든 은을 성전 수리에 사용하도록 명령했습니다(4~5절). 그러나 제사장들은 오랜 시간이 지나도록 성전 보수를 하지 않고 자신들의 호주머니를 채웠습니다. 요아스는 즉위 23년에 제사장들을 불러 책망하고 새로운 헌금제도를 세웠습니다.

성전 헌금을 직접 성전 보수를 맡은 건축업자들에게 지급되도록 규정을 바꿨습니다. 제사장들은 부정했지만, 감독관은 성실했습니다(15절). 제사장들의 탐욕은 시대마다 얼룩져 있습니다.

3. 아람 외교정책(12:17-18)

요아스가 40년을 통치했지만, 이스라엘 국력은 많이 약해져 있었습니다. 종교와 군사력은 항상 비례합니다. 엘리사가 아람 왕 하사엘에 대해 예언한 것처럼 하사엘이 유다를 침략할 정도로 유다는 약해졌습니다.

요아스는 아람 왕 하사엘에게 왕실 창고와 성전 창고의 금을 모아 하사엘에게 조공을 바치고 전쟁을 겨우 피했습니다. 하나님께 온전히 충성하지 못하면 약해지고 무능해집니다(2~3절).

4. 나머지 행적(12:19-21)

요아스가 다윗과 솔로몬 시대와 동일한 것은 40년이라는 통치 기간뿐입니다. 이스라엘은 아직도 약소국가로 남았습니다. 요아스는 여호야다 제사장이 죽은 후에 우상숭배에 빠졌다가 암살로 죽임을 당했습니다(대하 24:17-22). 우리에겐 영적 스승이 늘 곁에 있어야 합니다.

성경 공부

문제❶ 요아스가 여호와 앞에서 정직하게 행할 수 있었던 이유는? (12:2)

문제❷ 요아스가 한 가지 정리하지 못한 것은? (12:3)

문제❸ 요아스는 성전 헌금을 어디에 사용하라고 명합니까? (12:4~8)

문제❹ 요아스 40년 통치 중 큰 업적은? (12:9~15)

문제❺ 요아스가 두려움으로 아람 왕 하사엘에게 무엇을 합니까? (12:18)

오늘의 묵상

요아스를 통해 다윗 왕권이 회복되었습니다. 여호야다 제사장의 지도로 요아스는 성전 중심의 변혁을 이끌었습니다. 그러나 여호야다 제사장이 죽은 후, 우상숭배에 빠졌고 국력은 약해져 갔습니다. 신복들의 반역으로 요아스는 죽임을 당합니다. 요아스 생애에 여호야다의 신앙 가르침은 정말 중요했습니다.

오늘의 적용

여호야다처럼 하나님 뜻을 따르도록 알려주고 돕는 지도자가 있습니까?

오늘의 기도

주님께 충성을 통해 강하고 능력 있게 살겠습니다.

열·왕·기·하

13장

남 유다 왕들의 역사에서 다시 북이스라엘 왕들의 이야기가 시작됩니다. 북이스라엘 왕 여호아하스와 요아스 왕들의 역사가 기록되고, 엘리사 선지자의 죽음과 아람 왕 하사엘에 대한 예언이 이루어지며 이스라엘이 승리를 얻게 됩니다.

1. 여호아하스 왕(13:1-9)

북이스라엘 왕 여호아하스는 예후의 아들로 사마리아에서 17년을 다스렸습니다. 여호아하스는 우상숭배자 여로보암의 길을 따라간 악한 왕이었습니다.

하나님은 진노하셔서 이스라엘을 아람 왕 하사엘과 그 아들 벤하닷에게 붙여 괴로움을 당하게 하셨습니다. 여호아하스가 회개하자 하나님이 구원자를 보내어 건져주셨지만 여호아하스는 다시 우상숭배에 빠졌습니다(6절). 하나님도 다시 진노하셨고 아람 군대에 의해 멸절하고 이스라엘은 초라해졌습니다(7절).

2. 요아스 왕(13:10-13)

여호아하스 아들 요아스가 북이스라엘 왕이 되었습니다. 남 유다 왕과 같은 이름으로 요아스는 사마리아에서 16년을 통치했으며 다른 이스라엘 왕처럼 악을 행하고, 우상숭배지 여로보암의 길을 따라갔습니다. 그의 인생에 유일한 업적은 유다 왕 아마샤와 전쟁한 기록뿐입니다. 이스라엘 왕들은 초대 왕 여로보암 죄에서 벗어날 수 없었습니다.

3. 엘리사의 죽음(13:14-21)

엘리사가 병들어 죽게 되자 요아스가 찾아가 "내 아버지여, 이스라엘의 병거와 마병이여"라고 고백하며 슬퍼했습니다. 엘리사는 요아스에게 두 가지 표징을 보여주었습니다. 동쪽 창문을 열고 쏜 화살은 아람에 대한 승리의 화살이며, 세 번 땅에 친 화살은 아람에 대해 승리의 횟수를 상징했습니다. 엘리사는 왕에게 여섯 번은 쳤어야 한다고 책망했습니다.

엘리사는 죽어 장사 지냈으며, 장례를 치르던 사람들이 모압 도적 떼를 보고 시체를 엘리사 무덤에 던지자 시체가 살아났습니다. 엘리사는 죽어서도 기적을 행하는 하나님의 선지자였습니다.

4. 예언의 성취(13:22-25)

여호아하스 왕 시대에 아람 왕 하사엘은 이스라엘을 잔인하게 괴롭혔지만, 하나님께서 아브라함과의 언약을 기억하시고 보호하셨습니다. 엘리사의 예언대로 요아스는 아람 왕 벤하닷과의 전쟁에서 세 번 승리를 거두고 여호아하스 왕 시대에 잃어버렸던 성읍을 되찾았습니다.

성경 공부

문제❶ 이스라엘을 아람왕 하사엘과 벤하닷에게 주신 이유는? (13:2)

문제❷ 아람의 손에서 구원받은 이스라엘은 어떤 삶을 살았습니까? (13:5, 6)

문제❸ 여호아하스의 군대는 어떻게 되었습니까? (13:7)

문제❹ 엘리사가 이스라엘 왕이 땅을 세 번 친 것을 책망한 이유는? (13:14~19)

문제❺ 아람의 학대에도 이스라엘이 멸망하지 않은 이유는? (13:23)

오늘의 묵상

여호아하스가 여로보암의 길로 행하자 하나님은 이방 나라 아람의 하사엘과 벤하닷을 통해 괴롭게 하십니다. 아들 요아스도 아버지의 길을 따르며 16년을 통치했지만 나라를 위해 한 일은 크게 없었습니다. 하나님을 거역하는 이스라엘이지만 하나님은 아브라함과의 언약을 생각하시며 긍휼을 베푸십니다.

오늘의 적용

하나님께서 예수님으로 인해 내게 베푸신 긍휼을 적어 봅시다

오늘의 기도

하나님이 미워하시는 우상숭배를 잘 분별하고 항상 경계하겠습니다.

열·왕·기·하

14장

하나님은 아브라함과 이삭과 야곱의 언약을 기억하시고 이스라엘에게 은혜를 베푸셔서 아람의 손에서 건져내시고 승리를 주셨습니다(13:23). 또한 남 유다와 전쟁에서 승리하게 되고, 하나님이 주실 긍휼의 복을 받게 됩니다. 그러나 이스라엘은 하나님이 주신 은혜의 기회를 계속 붙잡지를 못했습니다.

1. 유다 왕 아마샤(14:1-7)

북이스라엘 요아스 즉위 2년에 남 유다 아마샤가 왕이 되었습니다. 아마샤는 25세에 왕이 되어 29년을 통치했습니다. 그는 하나님 보시기에 정직했으나 그의 아버지처럼 여전히 산당은 남겨두었습니다.

❶ 아마샤는 왕권을 견고하게 한 후에 아버지 요아스를 암살한 자들을 처형했지만(12:20~21), 모세의 율법에 따라 암살자들의 아들들은 죽이지 않았습니다(신 24:16).

❷ 아마샤는 에돔 원정 전쟁에서 큰 승리를 거두었습니다. 소금 골짜기 이름을 욕드엘로 바꾸었습니다.

2. 남북 전쟁(14:8-16)

에돔 원정에서 승리를 거둔 아마샤는 북 왕국 요아스에게 전쟁을 선포함니다(대하 25:5~13).

북 왕국 요아스는 아마샤의 에돔 승리를 비웃었습니다(9~10절). 요아스도 이미 아람과의 전쟁에서 세 차례나 승리를 거둔 왕이었기 때문입니다. 남북의 군대는 예루살렘 서쪽 30km 지점 벧세메스에서 전쟁을 벌였지만 북이스라엘의 승리로 끝났습니다.

요아스는 아마샤를 포로로 잡고 예루살렘에 입성하여 성벽 일부를 허물고 성전과 왕궁의 보물들을 약탈하고 인질들을 잡아 사마리아로 돌아갔습니다. 교만은 패망으로 끝났습니다.

3. 아마샤의 죽음(14:17-22)

남 유다 13대 왕 아마샤의 말년은 그의 아버지처럼 비참했습니다. 예루살렘에서 반란이 일어났고 라기스까지 쫓아온 암살자들에 의해 살해되었습니다.

4. 이스라엘 왕 여로보암 2세(14:23-29)

북 왕국 왕 중 가장 오랜 41년을 통치한 제13대 여로보암 2세는, 여로보암 1세를 복사한 우상 숭배자였습니다. 그럼에도 하나님은 예언자 요나를 통해 이스라엘에게 번영과 풍요를 주실 것을 말씀하시고 그대로 긍휼을 베푸셨습니다. 고난의 방법으로 회개하지 않자 복의 방법으로 하나님께로 돌아오기를 기대하셨습니다.

성경 공부

문제❶ 유다의 왕 아마샤를 다윗과 같지 않았다고 평가하신 이유는? (14:4)

문제❷ 나라가 안정되자 아마샤가 행한 두 가지 일은? (14:5~7)

문제❸ 아마샤가 북이스라엘에 전쟁을 선언한 이유는? (14:10)

문제❹ 반역자들은 아마샤의 시체를 어떻게 처리합니까? (14:17~22)

문제❺ 이스라엘 여로보암 2세가 영토를 회복할 수 있었던 이유는? (14:26, 27)

오늘의 묵상

아마샤 역시 아버지 요아스처럼 산당은 제거하지 않아 백성들이 산당에서 제사를 드렸습니다. 죄를 완전히 제거하지 않으면 신앙변혁이 아닙니다. 에돔과의 전쟁은 이겼지만, 북이스라엘과 전쟁에서는 패했습니다. 교만 때문이었고, 결국 반역자들에게 죽임을 당합니다. 하나님은 고난으로도 돌아오지 않는 이스라엘에게 번영과 풍요를 주시므로 깨닫고 돌아오기를 기대하셨지만, 이스라엘은 그 기회의 복을 버렸습니다.

오늘의 적용

하나님이 미워하시는, 아직도 남아있는 죄의 흔적이 있다면?

오늘의 기도

하나님께 죄를 자백하고 돌아섭니다. 용서해 주셔서 감사합니다.

열·왕·기·하

15장

본문 소개

하나님은 아브라함과 이삭과 야곱의 언약을 기억하시고 북이스라엘을 복 주셔서 여로보암 2세 시대에 가장 풍성한 번영을 허락하셨습니다. 하나님이 주신 복을 통해 하나님께 돌아올 기회를 주셨지만, 이스라엘은 마지막 기회마저 잃었습니다.

1. 유다 왕 아사랴(15:1-7)

남 유다 아사랴(웃시야)가 16세에 왕이 되어 52년을 통치합니다. 아사랴(웃시야)는 군대를 정비하고 예루살렘을 요새 화했으며, 블레셋 확장을 막은, 군사적으로 탁월한 왕이었습니다(대하 26:11~14). 웃시야는 하나님께 정직했으나 제사장만 들어갈 수 있는 성전에 들어가 향불을 피우다가 저주를 받아 나병에 걸렸습니다(대하 26:16-20).

2. 이스라엘 왕 스가랴(15:8-12)

여로보암 2세 아들 스가랴가 왕이 되었지만 6개월을 통치했습니다. 예후 왕조의 마지막 왕이었습니다(왕하 10:30). 스가랴도 여로보암의 죄에서 떠나지 못했으며 살룸에게 암살을 당했습니다.

3. 이스라엘 왕 살룸(15:13-16)

암살과 암살의 역사가 계속 이어지고 있습니다. 스가랴를 암살하고 왕이 된 살룸은 한 달 만에 므나헴에 의해 암살을 당합니다. 북 왕국 마지막 30년 동안 6명의 왕이 있었는데 그중 5명이 암살을 당했습니다.

4. 이스라엘 왕 므나헴(15:17-22)

므나헴은 10년 동안 이스라엘을 통치했으며 "평생" 여로보암의 죄에서 떠나지 않았습니다. 앗수르의 "불"이 침략하자 부자들에게 강탈하여 은 1천 달란트를 바치고 자신의 왕권을 보장받았습니다.

5. 이스라엘 왕 브가히야(15:23-26)

므나헴의 뒤를 이어 아들 브가히야가 왕이 되어 2년 동안 다스렸습니다. 여로보암의 죄에서 떠나지 않았으며 베가에게 암살을 당했습니다.

6. 이스라엘 왕 베가(15:27-31)

베가도 여로보암의 죄에서 떠나지 아니하고 20년을 통치했습니다. 베가의 통치 기간에 앗수르가 이스라엘 북부 지역의 주민들을 포로로 끌고 갔습니다. 이로 인해 호세아가 그를 죽이고 왕이 되었습니다.

7. 유다 왕 요담(15:32-38)

웃시야의 아들 요담이 25세에 왕이 되어 16년을 다스렸습니다. 요담도 하나님께 정직한 왕이었지만 산당은 제거하지 못했습니다. 요담은 요아스 왕처럼 성전과 성벽을 보수했습니다(대하 27:3-5).

성경 공부

문제❶ 유다 왕으로 성전에서 분향하다 나병의 징계를 받은 왕은? (15:1~7)

문제❷ 하나님이 전에 예후에게 주셨던 약속은? (15:8~12)

문제❸ 이스라엘 예후 왕조를 몰락시키고 새 왕조를 세운 사람은? (15:10)

문제❹ 스가랴 므나헴 브가히야 베가의 공통점은? (15:9, 18, 24, 28)

문제❺ 요담이 한 일을 써봅시다. (15:34~35)

오늘의 **묵상**

유다 왕 웃시야는 제사장이 하는 일을 월권하다 나병의 징계를 받습니다. 이스라엘의 왕조는 반역과 암살을 통해 빠르게 왕이 바뀌고, 전에 예후 왕조에 주셨던 긍휼도 끝이 납니다. 이스라엘 왕들은 한결같이 여로보암을 닮았습니다. 남겨진 죄의 흔적은 죄가 이어지게 만듭니다. 신앙변혁은 완전해야 합니다.

오늘의 **적용**

하나님 뜻을 벗어난 것과 타협하며 합리화하고 있는 것은?

오늘의 **기도**

제 안에 남아 있는 죄 ______________ 을 회개합니다. 버리겠습니다.

열·왕·기·하

16장

본문 소개

북이스라엘이 암살과 반역으로 이어진 정치적 혼란으로 국력이 약화되고 하나님 심판의 문 앞에 서 있음을 보았습니다. 남 유다도 요담, 아하스 시대를 지나면서 왕국의 종말이 가까워집니다. 북이스라엘과 남 유다는 하나님을 버리고 우상숭배에 빠져 멸망의 위기에 처했습니다. 16장은 우상숭배자 유다 왕 아하스 이야기를 정리했습니다.

1. 유다 왕 아하스 통치 요약(16:1-4)

남 유다는 여호람, 아하시야, 아달랴 등 악한 왕들의 통치를 지나면서 큰 위기를 맞았습니다. 그 후 요아스, 아마샤, 웃시야, 요담 왕을 지나면서 안정된 것처럼 보였으나 아하스 시대에 다시 무너졌습니다.

아하스 왕은 20세에 왕이 되어 16년을 통치했습니다. 아하스는 북이스라엘 왕들의 우상숭배와 이방의 우상숭배를 일삼았습니다. 자기 아들을 모압 신 몰렉에게 인간 제물로 바치기도 했습니다.

2. 친 앗수르 정책(16:5-9)

아람 왕 르신과 이스라엘 왕 베가가 아하스와 전쟁을 벌였습니다. 아하스 왕은 곤경에 빠지자, 하나님을 의지하지 않고 앗수르 디글랏 빌레셀에게 도움을 구했습니다. 성전과 왕궁의 보물 창고에 있는 금과 은을 모두 꺼내 앗수르 왕에게 보내자, 앗수르 왕은 반역한 아람과 이스라엘을 공격할 기회를 찾고 있다가 기회를 잡았습니다. 앗수르는 다메섹을 쳐서 점령했습니다.

3. 다메섹 제단 모형(16:10-16)

아하스의 우상숭배는 앗수르 왕을 만나러 다메섹에 갔다가 다메섹 제단 설계도와 모형을 제사장에게 보내 그대로 만들게 했습니다. 다메섹 제단이 여호와의 제단을 대체했으며 아하스는 다메섹 제단에서 제물을 바치는 제사장이 되어 "아하스 종교"를 창시했습니다.

놋 제단을 하나님께 여쭐 때 쓰겠다고 했지만, 사실은 이방 신에게 점칠 때 놋 제단을 사용하겠다는 뜻이었습니다(15절). 아하스와 므낫세는 남 유다에서 가장 악한 왕들이었습니다.

4. 성전 기구 개조(16:17-20)

하나님을 섬기던 성전 기구들을 파괴하거나 개조했습니다. 아하스는 여호와 종교를 이방 종교로 바꾸었습니다. 아하스의 타락은 남 유다의 멸망이 얼마 남지 않았다는 것을 보여주는 시대적 징조였습니다.

성경 공부

문제❶ 유다 왕 아하스가 어떻게 나라를 다스렸다고 평가하십니까? (16:1~4)

문제❷ 아하스가 이스라엘과의 전쟁에서 누구에게 도움을 구합니까? (16:5~9)

문제❸ 아하스가 새로 만든 제단은? (16:10)

문제❹ 제사장 우리야의 행위가 잘못된 이유는? (16:16)

문제❺ 아하스가 성전의 낭실을 옮겨 세운 까닭은? (16:18)

오늘의 **묵상**

아하스로 인해 유다의 하나님 신앙이 다시 위기를 맞이합니다. 우상을 숭배하고 아들을 바치는 이방 제사를 모방했고, 위기를 만나자 하나님이 아닌 이방 나라를 의지했습니다. 하나님이 주신 제단이 있었음에도 이방 나라의 제단을 만들며 성전 기구를 파괴하고 개조하여 하나님 종교를 이방 종교로 바꾸었습니다.

유다도 멸망을 향해 점점 다가가고 있습니다.

오늘의 **적용**

성경의 가르침을 벗어나 하나님을 섬기고 있는 것을 점검해 봅시다.

오늘의 **기도**

성경에서 벗어난 믿음 생활을 깨닫고 아는 지혜를 주옵소서.

열·왕·기·하

17장

본문 소개

하나님은 언약을 따라 남북 왕국을 통치하셨습니다. 남 유다는 다윗의 언약으로, 북이스라엘은 아브라함과 이삭과 야곱의 언약을 따라 다스렸습니다. 언약을 따라 선지자를 통해 계속 말씀하시고 기적을 보여주시며 복 주시면서 하나님께로 돌아오게 하시려 힘쓰셨습니다. 그러나 이제 마지막 시간이 왔습니다.

1. 이스라엘 왕 호세아(17:1-6)

북 왕국 19대 왕 호세아가 9년 동안 다스렸습니다. 호세아 통치 기간 중 앗수르 정권이 바뀌고 살만에셀이 왕이 되었습니다. 살만에셀이 이스라엘을 침략하자 호세아는 항복하고 조공을 바쳤습니다. 그러나 호세아는 친 애굽 정책으로 앗수르를 배반하는 치명적 실수를 저질렀습니다. 그로 인해 호세아는 감옥에 갇히고, 사마리아는 3년 만에 항복하고 포로로 끌려가 다른 지역에 강제 이주를 당했습니다.

2. 이스라엘 멸망 이유(17:7-23)

이스라엘은 결국 앗수르에게 멸망됐습니다. 그들이 왜 멸망됐는지를 설명하셨습니다. 앗수르를 버리고 애굽을 선택한 정치적 정책 실패가 아니라 하나님을 배반한 결과였습니다.

❶ 출애굽의 하나님을 버리고 점점 더 하나님을 배반하고 우상숭배의 죄와 악에 빠져 하나님의 분노를 가져왔습니다.

❷ 하나님은 선지자를 계속 보내어 하나님께로 돌아와 율법을 행할 것을 요구했지만 이스라엘과 유다는 거절했습니다.

북 왕국은 아히야 선지자가 200여 년 전에 우상숭배로 인해, 포로로 끌려갈 것을 경고했지만 듣지 않았습니다(왕상 14:14-16).

❸ 북이스라엘은 여로보암의 죄에서 떠나지 못했습니다. 북 왕국의 초대 왕 여로보암은 송아지 숭배의 종교창시자였습니다.

하나님을 멀리하는 것이 모든 실패와 무능의 원인이었습니다.

3. 앗수르의 이주 정책(17:24-41)

앗수르는 민족의 정체성을 제거하기 위해 타 지역으로 민족을 이동시켰습니다. 하나님께서 사마리아에 거주한 이방인 몇 사람을 징계하시자 이방인들은 즉각 앗수르 왕에게 이스라엘 제사장을 요구하고 하나님 섬기는 법을 가르치게 했습니다. 그러나 그 일로 인해 하나님을 섬기는 일이 여러 민족의 신들 중에 하나가 되게 하는 결과를 가져왔습니다. 하나님이 주신 거룩한 땅이 이방 민족의 거주지가 되고 이방 종교의 전시장이 되고 말았습니다(33, 41절).

성경 공부

문제❶ 북 왕국 이스라엘의 마지막 왕은? (17:1)

문제❷ 이스라엘 왕 호세아 시대의 유다와 앗수르의 왕은? (17:1, 3)

문제❸ 이스라엘이 멸망한 원인은 무엇입니까? (17:7~18)

문제❹ 하나님께서 누구를 통해 이스라엘 멸망을 경고하셨습니까? (17:23)

문제❺ 이스라엘이 멸망하고 사마리아 성에 누가 와서 살았습니까? (17:24~26)

오늘의 묵상

결국 호세아 왕 시대에 이스라엘은 앗수르에 멸망합니다. 표면상으로는 친 애굽 정책에 분노한 앗수르의 침공처럼 보이지만, 애굽도 앗수르도 아닌 하나님을 배반하고 끝까지 회개하지 않았고 하나님께 돌아오지 않은 결과였습니다. 이스라엘의 초대 왕 여로보암의 길을 끝까지 따른 결과입니다. 하나님이 주셨던 거룩한 약속의 땅은 이제 이방인이 차지하였고 이방 신들로 더럽혀졌습니다.

오늘의 적용

하나님이 계시는 내 안에 우상도 자리하고 있디면?

오늘의 기도

오늘도 하나님이 기뻐하시는 길로만 행하겠습니다.

열·왕·기·하

18장

본문 소개

남유다 왕국도 하나님 언약에 충실하지 않는다면 북 왕국처럼 이방인들에게 포로로 끌려가게 될 것입니다. 아하스 뒤를 이은 유다 왕이 나라의 운명을 결정짓게 됩니다. 열왕기 저자는 그 왕이 전에도 없고 후에도 없는 믿음의 사람이라고 평가하고 있습니다(18:5). 그 왕은 히스기야입니다.

1. 히스기야 왕의 개혁(18:1-8)

유다 역사 중 가장 악했던 아하스의 아들이 히스기야 왕입니다. 25세에 왕이 되어 29년을 통치했습니다. 히스기야는 다윗을 본받아 하나님 보시기에 정직했던 왕으로(3절) 좋은 평가를 받았습니다. 히스기야는 모든 우상과 산당을 제거했으며 하나님을 의지하는 믿음에서도 뛰어난 왕이었습니다. 하나님은 히스기야와 함께 하시고 모든 일에 형통케 하셨습니다.

2. 사마리아 함락(18:9-12)

북 왕국 사마리아 멸망 이유를 다시 확인하고 있습니다. "그들이 하나님 말씀과 언약을 버렸기 때문"이었습니다. 히스기야는 앗수르를 섬기지 않았습니다.

3. 앗수르 침략(18:13-16)

앗수르 왕 산헤립이 유다의 견고한 성들을 쳐서 점령하자 히스기야는 즉시 사신을 보내어 잘못을 빌고 조공을 약속했습니다. 히스기야는 성전 문과 기둥의 금을 벗겨서 산헤립이 요구한 금 30달란트와 은 300달란트를 바쳤습니다.

4. 앗수르 재침략(18:17-37)

히스기야의 조공을 받고도 앗수르는 예루살렘을 공격해 왔습니다. 유다 역사의 가장 큰 위기에서 히스기야는 믿음으로 이 위기를 극복합니다.

❶ 앗수르와 타협하기 위해 세 명의 사절단을 보냈습니다.

❷ 앗수르 랍사게 장군은 이스라엘을 조롱했습니다. "이스라엘 군사력을 믿느냐? 너희에게 말을 준다고 해도 말을 탈 군대가 없다(23절). 애굽을 믿고 의지하느냐? 애굽은 이미 산헤립에게 패전하고 도망친 나라다(21절). 하나님을 믿느냐? 히스기야가 산당을 제거한 죄로 인해 하나님이 진노하셔서 앗수르를 보내셨다고 주장하며 유다 민족의 마음을 혼란스럽게 했습니다.

❸ 항복하면 앗수르가 새 언약의 땅을 주겠다고 유혹했습니다. 그러나 히스기야와 유다 백성들은 침묵했습니다.

문제❶ 히스기야는 25세에 즉위하여 몇 년간 유다를 통치했습니까? (18:2)

문제❷ 히스기야는 어떻게 나라를 다스렸습니까? (18:3)

문제❸ 히스기야가 없앤 우상들은? (18:4)

문제❹ 예루살렘을 치기 위해 올라 온 앗수르의 장군들은? (18:17)

문제❺ 랍사게의 모욕에 대한 유다 백성들의 반응은? (18:36) (19~35)

오늘의 묵상

유다에도 위기가 찾아왔지만, 히스기야의 신앙변혁으로 하나님이 은혜를 베푸십니다. 히스기야는 다윗 왕을 본받아 통치하였고 하나님 보시기에 좋았으며 형통을 주셨습니다. 그러나 앗수르의 침략이라는 위기를 맞이합니다. 조공을 받고도 유다를 압박합니다. 하나님의 능력을 조롱하며 항복을 강요합니다. 이 모든 상황에 대해 히스기야는 침묵하고 있습니다.

오늘의 적용

하나님께서 현재 나의 생활방식을 기뻐하실까요?

오늘의 기도

다윗처럼 하나님 마음에 드는 믿음과 정직함으로 살겠습니다.

열·왕·기·하

19장

본문 소개

앗수르 랍사게는 "히스기야에게 속지 말라. 여호와는 너희를 구원하지 못한다"라고 조롱하며 압박하고 있습니다. 항복만 하면 다른 땅에 데려가 좋은 것을 배불리 먹게 해주겠다고 약속했습니다. 히스기야와 유다는 침묵했습니다. 사탄은 거짓의 아비입니다. 오늘도 하나님의 자녀들을 거짓말로 유혹하고 있습니다.

1. 이사야 선지자(19:1-7)

히스기야는 옷을 찢고 자기의 행동을 회개하고 성전에서 기도하며 선지자 이사야에게 사람을 보냈습니다. "오늘은 환난과 징벌과 모욕의 날이라 아이를 낳을 때가 되었으나 해산할 힘이 없도다"(3절) 하나님 앞에 철저하게 자신을 낮추고 오직 하나님의 도우심만을 구했습니다.

선지자 이사야는 "두려워하지 말라"고 권면한 후, 산헤립의 비참한 죽음을 예언했습니다. 거짓을 거짓으로(7절) 갚으셨습니다.

2. 산헤립의 편지(19:8-13)

산헤립이 라기스를 거점으로 예루살렘을 공격하려던 계획을 변경하여 라기스를 떠났습니다. 랍사게는 대군을 이끌고 립나 전투에 참가

하게 됩니다. 구스(이디오피아) 왕이 대군을 이끌고 오고 있다는 소시을 듣고 산헤립이 히스기야에게 편지를 보냈습니다. 산헤립은 다시 하나님을 비난하며 "하나님에게 속지 말라"고 협박했습니다.

3. 히스기야의 기도(19:14-19)

히스기야는 산헤립의 편지를 하나님 앞에 펴놓고 기도했습니다. 하나님의 위대하심을 고백하고 산헤립의 비방의 말에 대해 하나님께 아뢰며 하나님이 어떤 분이신가를 보여주시기를 간구했습니다.

4. 기도의 응답(19:20-37)

하나님께서 말씀하셨습니다.

❶ 하나님은 산헤립의 방종과 교만을 비웃으셨습니다. 앗수르는 하나님이 이스라엘을 징계하기 위해 준비한 도구였는데, 산헤립은 하나님의 섭리를 깨닫지 못하고 스스로 교만해졌습니다.

❷ 하나님께 대한 교만과 비방에 대해 하나님이 갚으셔서 갈고리와 재갈로 물려 왔던 길로 돌아가게 하실 것입니다.

❸ 하나님의 열심이 유다와 예루살렘을 보호하셔서 이 땅에 심겨서 뿌리를 내리고 열매를 맺게 될 것을 약속하셨습니다.

여호와의 사자가 앗수르 진영을 쳐서 18만 5천 명이 죽었고 산헤립은 본국으로 돌아가 하나님의 말씀대로 암살당했습니다. 하나님의 손에 역사가 있으며 인간의 보는 행위대로 갚으시는 분이십니다.

문제❶ 히스기야 왕이 랍사게의 말을 듣고 어떻게 합니까? (19:1)

문제❷ 히스기야는 이사야 선지자에게 어떤 기도를 부탁합니까? (19:2~4)

문제❸ 히스기야가 하나님을 모독하는 산헤립의 편지를 받고 어떻게 합니까? (19:14~19)

문제❹ 히스기야의 기도에 하나님은 누구를 통해 말씀하십니까? (19:20)

문제❺ 이사야를 통해 히스기야에게 하신 하나님 말씀은? (19:20~34)

오늘의 묵상

히스기야는 앗수르 산헤립의 위협에 대해 기도합니다. 그리고 선지자 이사야에게 사람을 보내 하나님의 개입을 구합니다. 하나님을 비방하는 것을 고하며 하나님 되심을 그들에게 보여주시길 간구합니다. 하나님은 산헤립의 교만을 비웃으십니다. 거짓되고 어리석은 협박을 갚으십니다. 여호와의 사자가 밤 사이에 앗수르 군대를 전멸시키시자 니느웨로 돌아갔다가 암살을 당합니다.
하나님은 사람의 모든 행위를 따라 갚으십니다.

오늘의 적용

하나님의 도우심과 개입이 필요하십니까?

오늘의 기도

하나님 앞에서 절대 교만하지 않겠습니다.

열·왕·기·하

20장

본문 소개

북이스라엘 심판의 도구였던 앗수르는 남 유다를 공격하다 실패했습니다. 하나님을 모욕하고 비방했던 산헤립이 거짓의 영에 속아 예루살렘을 떠난 게 실패의 원인이었습니다. 히스기야가 하나님과 연합하여 하나님을 절대 의지했기 때문입니다.

1. 히스기야의 기도(20:1-3)

히스기야가 병들어 죽게 되었습니다. 하나님은 선지자 이사야를 통해 죽을 준비를 하라고 말씀하셨습니다. 히스기야는 벽을 향해 누워 기도했습니다.

"여호와여 구하오니 내가 진실과 전심으로 주 앞에 행하며 주께서 보시기에 선하게 행한 것을 기억하옵소서"(3절) 히스기야는 자신이 행한 과거의 헌신을 하나님께 내놓고 기도하고 있습니다.

2. 하나님의 응답(20:4-7)

하나님이 이사야를 통해 다시 말씀하셨습니다. "내가 네 눈물과 네 기도를 들었다. 내가 너를 고쳐주리라. 네 목숨을 15년 더할 것이다. 앗수르 왕에게서 너를 구원하겠다." 약속하셨습니다. 15년은 시한부 시간입니다. 히스기야 목숨이 연장된 시간만큼 예루살렘 심판도 연기되었습니다.

3. 하나님의 징표(20:8-11)

히스기야가 징표를 구하는 것은 의심해서가 아니라 하나님 말씀을 확신하기 위해서였습니다. 하나님께서는 해시계 그림자를 히스기야 요청대로 10도 뒤로 물러가는 증거를 보여주셨습니다.

해시계를 "아하스의 해시계"로 표현한 것은 아하스의 우상숭배로 인해 빨라진 심판의 시계가 히스기야의 충성과 헌신으로 심판의 시간이 뒤로 물러났음을 설명하고 있습니다. 오늘 교회의 충성됨이나 그릇됨이 주의 재림을 늦추거나 빠르게 만들 수 있습니다.

4. 바벨론 사절단(20:12-21)

히스기야의 회복을 축하하기 위해 바벨론이 축하 사절단을 보냈습니다. 바벨론은 앗수르를 경계하기 위해 유다와 우호적 관계를 맺고 있었습니다.

히스기야는 바벨론 사절단에게 보물 창고와 무기 창고의 모든 것을 다 내보였습니다(13절). 이사야 선지자는 바벨론에게 보여준 모든 것이 바벨론의 노획물이 될 것이며 유다 민족이 바벨론에 포로로 끌려가게 될 것을 예언했습니다. 히스기야의 한순간 교만이 남 유다의 불행한 미래를 만들고 말았습니다.

문제❶ 히스기야에게 '죽음을 준비하라'는 하나님 말씀을 전한 선지자는? (20:1)

문제❷ 이사야를 통해 하나님 말씀을 들은 히스기야는 어떻게 합니까? (20:2~3)

문제❸ 히스기야의 기도에 하나님은 어떻게 응답하셨습니까? (20:4~6)

문제❹ 히스기야가 바벨론 왕의 사신들에게 보여준 것은? (20:13)

문제❺ 히스기야는 하나님의 징계를 어떻게 받아들였습니까? (20:14~21)

오늘의 **묵상**

히스기야는 죽음을 준비하라는 하나님 말씀을 듣고, 은혜와 긍휼을 구하여 15년의 수명을 연장받았습니다. 말씀의 확실함의 증표로 해시계 그림자가 10도 뒤로 물러가는 것도 보여주셨습니다. 유다에 대한 하나님의 심판이 늦추어진 것입니다. 히스기야의 병이 나은 것을 축하하기 위해 찾아온 바벨론 왕의 사신들에게 히스기야는 보물 창고와 무기고를 열어 보여주며 자랑합니다. 교만으로 보여준 모든 것을 바벨론에 빼앗길 것이라고 하셨습니다.

오늘의 **적용**

나는 히스기야처럼 하나님의 은혜와 긍휼을 간구할 수 있습니까?

오늘의 **기도**

교만하지 않도록 늘 조심하고 낮추며 살겠습니다.

열·왕·기·하

21장

남 유다 역사는 '악한 왕 → 선한 왕 → 악한 왕'으로 반복되고 있습니다. 가장 믿음이 뛰어났던 히스기야 왕 뒤를 이은 므낫세는 최악의 왕이었습니다. 므낫세는 55년을 통치하는 가장 긴 통치 기간을 가졌지만, 여호와를 배반한 가장 악한 왕이었습니다. 므낫세 뒤를 이은 아몬 왕도 악한 왕으로 2년을 통치했습니다. 남 유다는 므낫세와 아몬의 통치 57년을 잃어버렸습니다.

1. 므낫세의 배교(21:1-9)

므낫세는 12세에 즉위하여 55년을 다스렸으며 역대 왕 중에 최대(가장 긴 시간)의 우상 숭배자였습니다.

❶ 아버지 히스기야가 제거한 산당을 다시 세웠습니다.

❷ 아합의 종교를 따라 바알과 아세라 목상을 숭배했습니다.

❸ 하늘의 별을 숭배하여 하나님의 성전 마당에 제단을 세웠습니다. 우상숭배를 했을 뿐 아니라 성전을 더럽혔습니다.

❹ 할아버지 아하스를 따라 몰렉을 숭배하여 자기 아들을 불살라 바쳤습니다. 므낫세는 우상 수집가였습니다.

❺ 모든 미신과 잡신을 섬겨 거룩한 땅을 우상의 소굴이 되게 했습니다. 하나님이 금하신 것들을 므낫세는 실행했습니다.

2. 하나님의 심판(21:10-18)

하나님은 "모든" 선지자들을 통해 므낫세의 죄를 책망하고 심판을 선언하셨습니다.

출애굽 이후 이스라엘은 하나님을 배반하고 우상숭배의 죄에 빠졌습니다. 므낫세는 이스라엘 역사에서 나타났던 모든 우상숭배를 한자리에 모아 놓았습니다. 이스라엘 종교 부패는 절정에 달했으며 하나님은 유다와 예루살렘에 큰 재앙을 예고하셨습니다.

❶ 사마리아가 망한 방식대로 유다도 망하게 될 것입니다(13절).

❷ 접시를 닦는 것처럼 예루살렘을 씻어버리실 것입니다.

❸ 이방인에게 넘겨 노략물이 되게 하실 것입니다(14절).

므낫세는 우상 숭배자였을 뿐 아니라 무죄한 자의 피를 도시에 가득하게 함으로 하나님과 백성들에게 악한 왕이었습니다.

3. 유다 왕 아몬(21:19-26)

므낫세의 아들 아몬은 22세에 왕이 되어 2년 동안 통치했습니다. 아몬도 종교와 정치 영역에서 아버지 므낫세를 따랐습니다. 아몬은 암살자들에 의해 죽임을 당했으며 백성들은 다시 암살자들을 제거하고 요시야를 남 유다 왕으로 세웠습니다.

성경 공부

문제❶ 므낫세는 몇 년을 통치했습니까? (21:1)

문제❷ 므낫세가 대표적인 죄악은? (21:2)

문제❸ 므낫세의 악한 행위들을 적어 본다면? (21:4~9)

문제❹ 유다와 예루살렘에 임할 재앙을 무엇에 비유하십니까? (21:10~15)

문제❺ 아버지 므낫세의 길로 행하고 신하들에게 죽임당한 인물은? (21:19~26)

오늘의 묵상

므낫세는 역대 왕 중, 가장 긴 기간 통치했습니다. 결국 통치 기간과 비례하여 가장 오래 악한 길을 걷기도 했습니다. 므낫세는 이스라엘 역사에 등장한 모든 우상을 섬겼습니다. 그 죄의 결과로 사마리아처럼 유다도 망하게 될 것입니다. 므낫세는 무고한 많은 백성의 피를 흘려 범죄 했습니다. 왕위를 이은 아들 아몬은 반역으로 죽임당합니다.

오늘의 적용

나이에 비례하여 하나님 앞에 온전한 시간은 얼마나 됩니까?

오늘의 기도

하나님의 전인 내 몸에 자리 잡은 우상인 ______________ 버리겠습니다.

열·왕·기·하

22장

남북 분열 왕국이 시작될 때 북 왕국 여로보암의 우상숭배를 책망하시면서 요시야가 나타나 여로보암이 세운 제단을 파괴할 것을 예언하셨습니다(왕상 13:2). 그 예언의 주인공이 이제 등장했습니다. 요시야는 다윗 같은 왕이며 율법을 순종하는 일에 가장 뛰어난 왕이었습니다. 히스기야가 행한 종교개혁도 대단했지만, 요시야가 보여준 개혁은 더 광범위하고 단호했습니다.

1. 요시야의 통치(22:1-2)

선지자가 예언하고 300여 년 만에 요시야가 8세에 왕이 되어 31년을 통치했습니다.

요시야는 하나님 말씀을 좇아 개혁을 전개했으며 하나님 말씀대로 살았던 오직 한 사람이었습니다(23:25). 요시야는 다윗의 모든 길로 행하고 좌우로 치우치지 않았던 왕이었습니다.

2. 율법서 발견(22:3-13)

요시야 즉위 18년에 서기관 사반을 통해 성전 보수를 시작했습니다. 사반은 거룩한 사람이었습니다. 요시야는 선왕 요아스가 만들어놓은 성전 규례를 따라 백성들의 성전 헌금으로 성전 보수공사를 실행했습니다.

성전 복구공사 중 율법책이 힐기야 대제사장에 의해 발견되고 서기관 사반에 의해 요시야에게 전달되었습니다(10절). 요시야왕은 율법을 듣고 옷을 찢고 애통해했습니다(11절). 요시야 왕은 사람들을 보내 율법책에 대해 하나님께 묻도록 했습니다.

이스라엘 운명이 이미 율법책에 기록되어 있다는 사실을 왕이 알았기 때문입니다. 하나님은 말씀을 통해 통치하고 계셨습니다.

3. 율법을 해석함(22:14-20)

왕이 보낸 사람들은 여 선지자 훌다를 찾았습니다. 요시야 왕 당시에 예레미야와 스바냐 선지자가 활동하고 있었으나 사람들은 여 선지자 훌다를 찾아갔습니다. 훌다를 찾아간 이유는 선지자마다 하나님이 주신 사명과 책임이 다르기 때문입니다.

❶ 요시야 왕이 유다 역사 최대의 종교개혁을 성취할 수 있었던 것은 제사장 힐기야와 여 선지자 훌다가 있었기에 가능한 일이었습니다. 그들은 요시야의 동역자가 되어 유다가 하나님께 돌아오게 하고 하나님 언약 백성이 되게 하는데 온 힘을 다했습니다.

❷ 훌다는 하나님의 진노가 멀지 않았음을 전했습니다. 그러나 하나님께 겸비한 요시야 시대에는 내리지 않겠다고 하셨습니다.

성경 공부

문제❶ 요시야 왕의 본격적인 변혁의 동기가 된 것은? (22:3~13)

문제❷ 성전 수리 작업이 어떤 계통을 통해 진행됩니까? (22:3~7)

문제❸ 성전에서 발견한 율법책의 말씀을 들은 요시야의 반응은? (22:10, 11)

문제❹ 말씀을 들은 후 요시야는 신하들에게 무엇을 명합니까? (22:12, 13)

문제❺ 왕의 신하들에게 여 선지자 훌다가 전한 하나님 말씀은? (22:14~20)

오늘의 묵상

이스라엘 역사에 전무후무하게 하나님 말씀을 따라 살았던 왕 요시야는, 성전을 보수하고 발견한 율법책의 말씀에 애통하며 백성들의 마음도 돌이킵니다. 율법책에 기록된 하나님 말씀과 뜻을 선지자 훌다에게 묻고 순종합니다. 요시야는 힐기야 제사장과 훌다 선지자를 통해 하나님 뜻을 듣고 확인하며 유다를 하나님의 언약 백성으로 돌이켰습니다.

오늘의 적용

하나님 말씀을 듣기 위해 어떤 노력과 실천을 하고 있습니까?

오늘의 기도

말씀이 이끌어 가시도록 매일 말씀을 읽고 읽은 말씀에 순종하겠습니다.

열·왕·기·하

23장

본문 소개

하나님은 율법책에 기록한 대로 유다에 재앙을 내리시겠다고 말씀하셨습니다. 하나님을 버리고 다른 신을 섬겼으며 모든 행위로 하나님의 분노를 가져왔기 때문입니다. 훌다 여 선지자를 통해 하나님의 뜻을 들은 요시야왕은 개혁을 단행합니다.

1. 요시야 언약 갱신(23:1-3)

요시야는 하나님께 돌아가는 길만이 살 길이라는 것을 알았습니다. 요시야는 하나님이 이미 심판을 선언하셨지만, 하나님께로 돌아와 회개한다면 하나님이 긍휼을 베푸실 것을 기대했습니다. 요시야는 백성을 성전에 모으고 우상숭배로 더럽혀진 성전에서 율법책을 낭독하고 하나님과 다시 언약을 맺었습니다. "우리가 순종하겠습니다."

2. 우상 제거(23:4-14)

요시야 왕은 대제사장 힐기야를 중심으로 구체적이고 체계적인 종교개혁을 주도했습니다.

❶ 예루살렘 성전에 있던 우상숭배 도구들을 제거했습니다.

❷ 우상을 섬기던 제사장들을 추방하고 직위 해제했습니다.

❸ 성전 안에 있던 아세라 목상과 모든 우상을 불태웠습니다.

❹ 성전 안의 남창 숙소와 아세라 우상 작업실을 제거했습니다.

❺ 성전 밖으로 개혁을 확대하여 유다 땅을 정결케 했습니다.

3. 북 왕국 우상 제거(23:15-20)

요시야는 북 왕국 영토까지 개혁을 전개했습니다. 벧엘로 올라가 여로보암의 벧엘 제단에 우상을 불태운 재를 쏟고, 무덤에 있던 해골을 가져다 불태움으로 제단을 더럽혔습니다. 여로보암과 벧엘에 대한 선지자의 예언이 모두 성취되었습니다(왕상 13장). 요시야 왕은 우상 제거를 통해 남북을 하나로 만들었습니다.

4. 요시야의 유월절(23:21-23)

히스기야도 유월절을 지켰지만(대하 30장), 요시야는 율법의 규례를 따라 지켰습니다.

5. 요시야의 개혁과 죽음(23:24-30)

요시야왕은 율법을 완벽하게 순종한 완전한 모범이었습니다(25절). 그럼에도 므낫세 죄로 인해 유다를 향한 하나님의 진노는 피할 수가 없었습니다. 요시야는 애굽과의 전쟁에서 죽었습니다.

6. 유다 왕 여호아하스와 여호야김(23:31-37)

요시야 뒤를 이은 여호아하스와 여호야김은 모두 악한 왕들이었습니다. 요시야를 죽인 애굽 왕 느고가 여호아하스를 포로로 잡아가고 그 자리에 여호야김(엘리아김)을 세워 조공을 바치게 했습니다.

성경 공부

문제❶ 요시야 왕이 율법책을 가지고 한 것은? (23:1~3)

문제❷ 요시야 왕은 우상과 기구들을 어떻게 처리합니까? (23:4~12)

문제❸ 솔로몬 때에 세워진 산당이 요시야 때까지 있었다는 것은? (23:13)

문제❹ 요시야는 우상숭배에 참여한 제사장들을 어떻게 합니까? (23:20)

문제❺ 요시야 왕이 지킨 유월절 절기의 특징은? (23:21~23)

오늘의 묵상

요시야는 모든 백성에게 율법책을 낭독하여 주고 다시 하나님과의 언약을 갱신합니다. 요시야는 남북 땅에 있는 우상을 완전히 제거했습니다. 요시야는 율법의 규례를 따라 유월절도 지켰습니다. 그러나 므낫세의 죄로 인한 유다의 심판을 거둘 수는 없었습니다. 안타깝게 요시야는 애굽과의 전쟁에서 죽습니다.

오늘의 적용

다른 지체의 신앙변혁을 위해 어떻게 돕겠습니까?

오늘의 기도

오직 하나님 말씀 중심의 믿음 생활을 하겠습니다.

열·왕·기·하

24장

애굽 왕 바로 느고는 여호아하스를 폐위시키고 애굽으로 끌고 가고 그 아들 엘리아김을 왕으로 삼으며 이름을 여호야김으로 고쳤습니다. 여호야김은 25세에 왕이 되어 11년 동안 유다를 다스렸습니다. 여호야김은 애굽 왕 느고가 요구한 조공을 바치기 위해 백성들에게 많은 세금을 거뒀습니다.

1. 바벨론 침략(24:1-7)

여호야김 시대에 바벨론이 침략했습니다. 바벨론 왕 느부갓네살은 앗수르와 애굽 연합군과 싸워 큰 승리를 거둠으로 앗수르는 멸망하고 애굽은 근동지역 강대국 자리를 바벨론에게 내어주었습니다. 바벨론은 계속 가나안 땅까지 전진하여 유다에서 인질을 잡아갔습니다(단 1:1-5).

여호야김은 바벨론에게 항복하고 3년 동안 바벨론을 섬기다가 애굽을 의지하고 바벨론을 배반했습니다. 여호야김이 배반하자 바벨론은 아람, 모압, 암몬 군대를 동원하여 여호야김을 치게 했습니다. 이 일은 여호야김이 국제정세를 잘못 판단한 것이 아니라 하나님의 예언을 따라 이루어진 일이었으며(2절), 므낫세의 죄 때문이었습니다(3~4절). 역사 뒤에서 일하시는 하나님을 보아야 합니다. 여호야김이 의지했던 애굽은 무력해졌고(7절) 바벨론은 나일강에서 유브라데 강까지 통치하는 나라가 되었습니다.

2. 유다 왕 여호야긴(24:8-17)

여호야김은 어리석음으로 인해 유다를 혼란에 빠뜨리고 죽었습니다. 그 뒤를 이어 18세 된 아들 여호야긴이 유다를 3개월 동안 다스렸습니다.

바벨론 군대와 느부갓네살이 예루살렘을 포위하자 왕과 가족, 신하들이 바벨론 왕의 포로가 되었고, 예루살렘 공무원, 용사, 기술자, 대장장이 등 사회지도층과 유능한 사람들이 모두 바벨론에 포로로 끌려갔습니다(14절, 겔 1:1-3). 성전 보물과 왕궁의 보물도 전부 약탈해 갔습니다. 바벨론은 여호야긴 삼촌 맛다니야를 유다 왕으로 삼고 이름을 시드기야로 개명했습니다. 이렇게 예언의 말씀이 모두 성취되고 있었습니다.

3. 유다 왕 시드기야(24:18-20)

시드기야는 21세에 왕이 되어 11년을 통치했으나 유다의 수치를 눈으로 보면서도 여전히 하나님을 버리고 악을 행했습니다. 시드기야 시대에 유다와 예루살렘은 하나님 앞에서 쫓겨나 역사의 막을 내리게 됩니다.

문제❶ 유다의 재앙과 멸망이 누구의 죄 때문입니까? (24:2~4)

문제❷ 여호야긴의 악행에 하나님은 누구를 보내어 징계하십니까? (24:10)

문제❸ 바벨론의 침략과 약탈이 어떻게 이루어집니까? (24:13)

문제❹ 느부갓네살이 포로들을 잡아가고 누구만 남겨둡니까? (24:14~17)

문제❺ 유다의 마지막 왕은? (24:18~20)

오늘의 묵상

바벨론이 앗수르와 애굽 연합군을 이기고 강대국의 자리를 차지합니다. 바벨론이 유다도 침공합니다. 이는 국제정세 때문이 아니라, 므낫세의 죄로 인한 하나님의 예언이 이루어져 가고 있는 것입니다. 여호야김을 이은 여호야긴 때에 파괴와 약탈과 많은 백성이 포로가 되어 바벨론으로 끌려갔고 예루살렘에는 비천한 자들만 남았습니다. 바벨론에 의해 왕이 된 시드기야는 유다의 수치를 보면서도 하나님께 돌아오지 않았습니다. 유다의 마지막이 되었습니다.

오늘의 적용

하나님의 뜻과 섭리를 믿고 보고 있으며, 받아들이고 있습니까?

오늘의 기도

이 시대와 세대를 보고 하나님의 뜻과 때를 믿습니다.

열·왕·기·하

25장

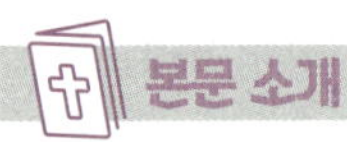

25장은 예레미야 52장과 같은 내용입니다. 예레미야가 바벨론에게 대항하는 것은 하나님이 예정하신 심판을 거역하는 행위이니 항복하라고 권고했지만 유다는 거절했습니다.
남 유다의 최후의 역사를 기록하고 있는 25장은, 시드기야가 바벨론을 배반하고 발버둥 침으로 인해 시작된 예루살렘 멸망을 쓰고 있습니다.

1. 시드기야의 최후(25:1-7)

시드기야가 바벨론을 배반하자 바벨론 군대가 다시 침략해 왔습니다. 시드기야 즉위 9년 10월 10일에 예루살렘 성을 포위하고 시드기야 즉위 11년 4월 9일에 예루살렘 성은 무너졌습니다. 시드기야와 군대는 도망쳤으나 바벨론 군대의 추격으로 군대는 흩어지고 시드기야는 포로가 되었습니다. 시드기야 아들들은 처형되었고 시드기야의 두 눈을 빼고 사슬에 묶어 바벨론으로 끌고 갔습니다. 시드기야는 하나님 앞에 악한 왕이었으며 선지자의 경고를 무시했습니다.

2. 예루살렘 파괴(25:8-17)

느부갓네살 시위대 장관 느부사라단이 예루살렘에 와서 유다가 다시는 반역하지 못하도록 도시를 파괴하고 불태우며 남은 사람을 포로로 끌고 갔습니다.

하나님의 거룩한 도성 예루살렘은 폐허가 되었고 하나님의 성전과 도구들을 모두 바벨론으로 가져갔습니다. 바벨론 군대는 예루살렘 성벽도 다 허물어 버렸습니다. 예루살렘은 이제 사라졌습니다. 아무것도 남지 않았습니다.

3. 바벨론 포로(25:18-21)

바벨론 제국에 이용 가치가 있는 사람은 다 바벨론으로 끌고 갔습니다. 예루살렘은 사람도 성전도 사라진 유령도시가 되었습니다.

4. 유다 총독 그달리야(25:22-26)

바벨론 왕이 그달리야를 유다 총독으로 세웠다는 말을 듣고 사람들이 다시 모여 예루살렘 공동체를 회복하고자 했으나 그달리야가 암살을 당하고 바벨론 군대도 살해당하면서 남은 유다 사람들은 곤경에 빠지게 됩니다. 결국 그들은 애굽으로 도피하게 되고 유다는 이제 바벨론 군대가 남겨 놓은 사람들(12절)마저 없어졌습니다.

5. 유다 왕 여호야긴(25:27-30)

여호야긴이 감옥에 감금된 지 37년 만에 바벨론 새 왕 에윌므로닥에 의해 풀려났습니다. 여호야긴은 자유를 얻고 왕의 식탁에 초대받았습니다. 심판 중에서도 다윗 왕조는 다시 소망을 갖게 되었습니다.

성경 공부

문제❶ 시드기야 반역에 느부갓네살이 예루살렘을 얼마간 포위합니까? (25:1~2)

문제❷ 도망치던 시드기야 왕과 그 아들들은 어떻게 됩니까? (25:4~7)

문제❸ 예루살렘은 어떻게 되었습니까? (25:8~12)

문제❹ 그달리야가 유다인들에게 요구한 것은? (25:24)

문제❺ 바벨론의 새 왕이 여호야긴을 어떻게 대우합니까? (25:27~30)

오늘의 묵상

하나님께 돌아오지 않는 유다를 향한 하나님의 판결문은 바벨론에게 넘겨지는 것입니다. 시드기야의 반역과 대항은 헛된 행동일 뿐입니다. 시드기야는 비참한 몰골이 되어 끌려갔고 예루살렘은 불태워져 폐허가 되었습니다. 바벨론에 의해 세워진 총독에게 행한 반역으로 그나마 남은 사람들마저 흩어지게 됩니다. 바벨론의 새 왕이 여호야긴에게 은혜를 베풉니다. 징계의 시간이 흐르고 있고 다윗 왕조는 소망을 꿈꾸었습니다.

오늘의 적용

너무 늦기 전에 하나님께 돌이켜야 할 것이 있습니까?

오늘의 기도

하나님이 주신 때를 놓치지 않도록 깨어 말씀 안에 살겠습니다.

1장

❶ 요압과 아비아달

❷ 선지자 나단, 브나야, 용사들, 솔로몬

❸ 나단

❹ 제사장 사독, 선지자 나단, 경호 장관 브나야(여호야다의 아들)

❺ 제단 뿔을 잡음

2장

❶ 여호와의 명령을 지켜 행하고, 계명과 율례와 증거를 모세의 율법에 기록된 대로 지키는 것.

❷ 아브넬과 아마사를 개인적인 원한 때문에 죽였기에

❸ 길르앗 바르실래

❹ 여호와

❺ 기드론 시내

3장

❶ 기브온 산당

❷ 출입할 줄 알지 못하며 주께서 택하신 백성 가운데 있는 작은 아이

❸ 듣는 마음과 선악을 분별하여 재판할 수 있는 능력

❹ 창기 두 여자

❺ 하나님의 지혜가 그 속에 있어 판결하는 것을 봄으로

4장

❶ 제사장 : 사독, 아비아달 ; 군사령관 : 브나야 ; 노동 감독관 : 아도니람

❷ 이스라엘의 인구가 바닷가의 모래 같이 많게 됨

❸ 밀가루 30고르, 굵은 밀가루 60고르, 살진 소 10, 초장의 소 20, 양이 100, 그 외에 수사슴과 노루와 암사슴과 살진 새들

❹ 솔로몬의 지혜가 동쪽 모든 사람의 지혜와 애굽의 모든 지혜보다 뛰어남.

❺ 잠언 삼천 가지, 노래 천다섯 편, 모든 초목과 짐승과 새와 곤충과 물고기까지 통달함

❶ 두로 왕 히람

❷ 사방에 태평을 주셔서 원수도 없고 재앙도 없음

❸ 바다에서 뗏목으로 엮어 보냄

❹ 밀 이만 고르, 맑은 기름 이십 고르를 해마다 줌

❺ 아도니람

6장

❶ 하나님의 임재

❷ 사백팔십 년

❸ 돌을 그 뜨는 곳에서 다듬은 후에 가져와 건축함

❹ 법도와 율례를 따르고 계명을 순종하면 아버지 다윗과 약속한 것을 너를 통해 이루겠다.

❺ 금

7장

❶

건물	길이	너비	높이
여호와의 성전	육십 규빗	이십 규빗	삼십 규빗
솔로몬의 왕궁	백 규빗	오십 규빗	삼십 규빗

❷ 솔로몬 왕궁 주랑

❸ 히람, 모든 놋 일에 지혜와 총명과 재능을 구비 한 자

❹ 야긴, 보아스

❺ 다윗이 드린 은과 금과 기구들을 가져다가 성전 곳간에 둠

8장

❶ 여호와의 영광

❷ 내 이름을 둘 만한 집(성전)

❸ ① 이웃에게 범죄 했을 때 ② 범죄로 인해 적국에게 패했을 때
③ 범죄로 인해 비가 내리지 않을 때 ④ 자연재해가 발생했을 때
⑤ 이방인들이 기도할 때 ⑥ 적국과 싸우려고 할 때
⑦ 적국에 사로잡혀갔을 때

❹ 인간은 범죄 할 수밖에 없으므로

❺ 화목제, 번제, 소제 / 소-이만 이천 마리, 양-십이만 마리

9장

❶ 성전

❷ 축복 : 이스라엘의 왕위를 영원히 견고하게 하겠다.

저주 : 땅에서 끊어지고, 성전을 던져버리겠다.

모든 민족에게 속담 거리, 이야기 거리, 비웃음거리가 되게 하겠다.

❸ 솔로몬이 준 성읍들이 눈에 들지 않아서

❹ 성전, 왕궁, 밀로(성벽), 예루살렘 성, 하솔(울타리로 둘러싸인 마을)

므깃도(군사적 요새지), 게셀(팔레스타인 평지에 있는 성읍)

❺ 에시온게벨

10장

❶ 솔로몬의 행위와 지혜

❷ "당신의 하나님 여호와를 송축할 지로다" 여호와께서 솔로몬을 좋아하시고

이스라엘을 영원히 사랑하셔서 왕으로 삼아 공평과 정의로 다스리게 하셨다.

❸ 성전과 왕궁의 난간, 수금과 비파

❹ 큰 방패 이백 개, 작은 방패 삼백 개, 자신의 보좌, 왕궁의 기물

❺ 하나님께서 솔로몬의 마음에 주신 지혜

11장

❶ 그들의 신을 따르게 하리라

❷ 여호와를 떠난 솔로몬의 죄

❸ 다윗을 위하여

❹ 아히야, 입고 있던 새 옷을 열두 조각으로 찢고 열 조각을 여로보암에게 줌

❺ 다윗이 행함같이 하나님의 율례와 명령을 지키면

12장

❶ 온 이스라엘이 르호보암을 왕으로 삼고자 하여 세겜으로 모였기 때문에

❷ 노인들 : 백성을 섬기는 자가 되면 그들이 영원히 왕의 종이 될 것입니다.

소년들 : 멍에를 더욱 무겁게 하고 전갈 채찍으로 징계하리라

❸ 르호보암이 보낸 아도람을 온 이스라엘이 돌로 쳐 죽임

❹ 하나님의 사람 스마야

❺ 단과 벧엘에 금송아지를 만들어 둠 / 산당을 짓고, 보통 백성으로 제사장을 삼음 / 자기 마음대로 절기를 만듦

13장

❶ 다윗의 집에서 태어날 요시야가, 그가 네 위에 분향하는 산당 제사장을 네 위에서 제물로 바칠 것이요 또 사람의 뼈를 네 위에서 사르리라

❷ 떡도 먹지 말며 물도 마시지 말고 왔던 길로 되돌아가지 말라

❸ 선지자로 소개, 천사가 여호와의 말씀으로 자기에게 말했다고 거짓말함으로

❹ 나귀를 타고 돌아가다가 사자에게 물려 죽게 됨

❺ 여로보암의 집이 땅 위에서 끊어져 멸망하게 됨

14장

❶ 병든 아들 아비야가 어떻게 될지 알기 위하여

❷ 네 등 뒤에

❸ 아비야가 여호와를 향하여 선한 뜻을 품었기 때문

❹ 여호와 보시기에 악을 행하였고, 더 악한 죄로 여호와를 노엽게 함

❺ 애굽 왕 시삭

15장

❶ 3년, 아버지가 행한 죄를 반복하고, 조상 다윗처럼 여호와 앞에 행하지 않음

❷ 41년, 다윗과 같이 여호와 보시기에 정직하게 행하였고 일평생 여호와 앞에 온전함

❸ 남색 하는 자를 땅에서 쫓아내고 / 조상들이 세운 모든 우상을 없앰
어머니가 만든 아세라 상을 찍어 기드론 시냇가에서 불사름

❹ 2년, 여호와 보시기에 악함

❺ 24년, 여호와 보시기에 악을 행하여 여로보암의 길로 행함

16장

❶ 바아사가 여로보암처럼 백성들로 하여금 우상을 숭배하게 하였기 때문에

❷ 여로보암 같이 바아사와 그의 후손들을 모두 쓸어버리는 심판

❸ 선지자 예후의 예언 즉 하나님의 말씀이 바아사 가문에 이뤄졌음을 보여줌

❹ 전의 모든 왕보다 더욱 악행하며 이스라엘 백성들로 우상숭배를 하게 함

❺ 이방 여인 이세벨을 아내 삼고, 바알 신전과 아세라 상을 만들고 섬김

17장

❶ 내 말이 없으면 수년 동안 비도 이슬도 있지 아니하리라

❷ 까마귀들을 통해 아침과 저녁으로 떡과 고기를 엘리야에게 먹이심

❸ 아들과 마지막 남은 가루와 기름으로 음식을 해서 먹고 죽으려 함

❹ 통의 가루와 병의 기름이 떨어지지 않는 경험을 하게 되었다.

❺ 엘리야가 하나님의 선지자인 것과 여호와의 말씀이 진실인 줄 알게 됨

18장

❶ 아합과 그의 아버지 집이 여호와의 명령을 버리고 바알을 따랐기 때문

❷ 바알이 거짓 신이며 여호와가 참 하나님이심을 이스라엘 백성이 알게 하려고

❸ 우상숭배로 무너진 하나님과의 관계 회복, 열두 지파의 하나님 되심을 의미

❹ 엘리야의 기도를 들으시고 여호와의 불을 내려 번제물과 나무와 돌과 흙을 태우시고 도랑의 물까지 모두 마르게 하심

❺ 하나님은 약속을 믿고 간절히 기도하는 자에게 응답하신다.

19장

❶ 하루 안에 엘리야가 바알 선지자들을 죽인 것처럼 죽이겠다고 위협함

❷ 천사들을 통하여 떡과 물을 먹이시고 힘을 공급해 주심

❸ "네가 어찌하여 여기 있느냐?"

❹ 아람의 하사엘과 이스라엘 예후와 엘리사에게 기름 부어 왕과 선지자로 세움

❺ 엘리사가 엘리야의 사명을 이어간다는 의미

❶ 은금과 아내들과 자녀들을 내게 넘기라

❷ 왕은 듣지도 말고 허락하지도 마옵소서

❸ 내가 오늘 그들을 네 손에 넘기리니 너는 내가 여호와인 줄을 알리라

❹ 벤하닷을 형제라 부르며 화친을 맺은 후 놓아주었다.

❺ 벤하닷 대신 아합이 죽고, 아람 백성 대신 이스라엘 백성이 죽으리라는 경고

❶ 토지는 하나님의 것이니 영구히 팔지 말라고 명령하심

❷ 장로와 귀족들에게 나봇이 하나님과 왕을 저주하였다고 거짓 증언 하게 함

❸ 여호와 보시기에 악을 행하였으므로

❹ 아합에 속한 모든 남자는 다 멸절, 이세벨의 시체를 개들이 먹음

❺ 여호와께서 아합에게 내릴 재앙을 그 아들의 시대에 그의 집에 내리신다.

❶ 길르앗 라못

❷ 미가야

❸ 시드기야

❹ 아람 병사가 무심코 쏜 화살에 맞아

❺ 산당을 폐하지 않음

1장

❶ 에그론의 신 바알세붑

❷ 엘리야

❸ 하나님을 신뢰하지 않고 에그론의 신 바알세붑을 의지함으로

❹ 하나님의 권위 인정(생명이 하나님께 있음을 고백)

❺ 여호람

2장

❶ 하나님의 뜻(말씀)

❷ 엘리야를 하나님께서 데려가실 것을 알았기 때문

❸ 성령의 하시는 역사가 갑절이 있길(능력의 갑절을 구함)

❹ 하나님께서 나를 네게서 데려가는 것을 보아야 한다.

❺ 소금을 물 근원에 던지며, 여호와의 말씀으로 명령

3장

❶ 여호람 : 하나님을 탓함
여호사밧 : 하나님의 선지자를 찾아 묻기 원함

❷ 유다 왕 여호사밧

❸ 물을 주시니 담을 개천을 파라, 전쟁의 승리 약속

❹ 노을로 인해 붉게 물든 물을 보고, 내분으로 인해 흘린 피로 착각

❺ 모압 군대가 사람을 번제로 드리는 광경을 목격하고 혐오감으로

4장

❶ 빌려온 그릇에 기름이 채워지는 이적을 베푸시고, 팔아서 빚을 갚게 함

❷ 아들(자손)

❸ 하나님의 사람을 찾아가려고 함

❹ 기도하고 아이 위에 올라 자기의 입, 눈, 손을 아이에게 맞추어 엎드리니 아이의 살이 따뜻해짐 / 엘리사가 집안을 한번 걷고 다시 아이 위에 엎드리니 아이가 일곱 번 재채기 하고 눈을 뜸

❺ 백 명

5장

❶ 나병

❷ 이스라엘 땅에서 포로로 잡혀 온 어린 소녀

❸ 옷을 찢으며, 아람 왕이 싸움을 걸려고 시비한다고 생각함

❹ 환대도 안 하고, 상처에 손을 얹어 치유하지 않는다는 이유

❺ 나아만의 나병이 네게 들어 네 자손에게 미쳐 영원토록 이르리라

6장

❶ 요단강

❷ 여호와께 기도하여 아람 군인들 눈을 어둡게 하여서 사마리아로 데려옴

❸ 떡과 물을 주어 먹게 하고 주인에게 돌려보내라

❹ 칼과 활로 잡은 자들이 아니기 때문에

❺ 엘리사에게 모든 책임을 전가하며 죽이겠다고 맹세

7장

❶ 사마리아 성의 회복(아람 군대로부터 승리를 약속)

❷ 주께서 아람 군대로 큰 군대의 소리를 듣게 하셨으므로

❸ 어떤 선택을 해도 죽을 상황이기에

❹ 아름다운 소식을 전하지 않고, 침묵하면 벌이 우리에게 미칠 것이다.

❺ 불신(아람 군대의 전술로 해석)

8장

❶ 엘리사의 권면으로 이스라엘 땅에 임한 칠 년 기근을 피하여 블레셋에 거주하다 돌아옴

❷ 자기 병의 치료 여부를 알기 위하여

❸ 이스라엘 자손에게 행할 모든 악을 앎이라

❹ 다윗과의 약속(자손에게 항상 등불을 주셨다) 때문에

❺ 길르앗 라못

❶ 이스라엘의 왕으로 삼노라

❷ 아합의 집안을 치기 위함

❸ 자기의 옷을 예후의 밑에 깔고 나팔을 불며 "예후는 왕이라"함

❹ 나봇의 피 값을 이 토지에서 갚으리라 하신 '여호와께서 말씀하신 대로 행함'

❺ 개들이 이세벨의 시체를 먹고, 이스르엘 토지에서 거름 같이 밭에 있음

10장

❶ 70명

❷ 엘리야

❸ 레갑의 아들 여호나답

❹ 느밧의 아들 여로보암의 죄

❺ 사대

11장

❶ 자신이 나라를 다스리기 위해

❷ 왕으로 세움

❸ 율법책

❹ 왕과 백성이 여호와와 언약을 맺게 함

❺ 바알의 신당을 허물고, 제사장 맛단을 죽임, 아달랴를 죽임

12장

❶ 제사장 여호야다의 교훈이 있었기 때문

❷ 우상을 섬김

❸ 성전 수리

❹ 성전 수리

❺ 조상의 성물과 자기의 성물과 성전과 왕궁에 있는 금을 하사엘에게 보냄

❶ 느밧의 아들 여로보암의 죄를 따라가고 거기서 떠나지 아니하였으므로

❷ 여로보암 집의 죄에서 떠나지 아니하고 악을 행함

❸ 타작마당 먼지같이 됨

❹ 아람을 진멸할 수 있는 기회를 잃어버림

❺ 여호와께서 아브라함과 이삭과 야곱과 더불어 세우신 언약 때문에

14장

❶ 우상숭배

❷ ① 부왕을 죽인 신복들을 죽임

② 에돔 족속 정복

❸ 아마샤의 교만 때문에

❹ 예루살렘에 조상들과 함께 다윗성에 장사

❺ 하나님의 은혜(약속)

15장

❶ 아사랴, 요담

❷ 네 자손이 사 대 동안 이스라엘 왕위에 있으리라

❸ 살룸

❹ 느밧의 아들 여로보암의 죄에서 떠나지 아니하였더라

❺ 여호와께서 보시기에 정직히 행함 / 산당 제거하지 않음

여호와의 성전 윗문을 건축함

16장

❶ 그의 조상 다윗과 같지 아니하여 그의 하나님 여호와께서 보시기에 정직히 행하지 않고, 이스라엘의 여러 왕의 길로 행함

❷ 앗수르 왕 디글랏 빌레셀

❸ 다메섹에 있는 제단

❹ 하나님이 아닌 왕의 명령을 따른 것

❺ 앗수르 왕을 두려워하여

17장

❶ 호세아

❷ 유다 : 아하스, 앗수르 : 살만에셀

❸ 이방 신들을 섬기며, 하나님의 계명을 버리고 이방인의 규례를 행함

❹ 여호와의 종 모든 선지자

❺ 바벨론과 구다, 아와 하맛 스발와임

18장

❶ 29년

❷ 다윗과 같이, 여호와 보시기에 정직하게 행함

❸ 산당, 주상, 아세라 목상, 놋 뱀

❹ 다르단, 랍사리스, 랍사게

❺ 침묵(백성이 잠잠하고 한 마디도 그에게 대답하지 않음)

19장

❶ 성전에 들어가 기도함(옷을 찢고 굵은 베옷을 입고 여호와의 전에 들어감)

❷ 남아 있는 자들을 위하여 기도하게 하소서

❸ 성전에 올라가서 편지를 여호와 앞에 펴 놓고 기도함

❹ 선지자 이사야

❺ ① 20~28절 : 산헤립은 하나님의 손에 붙들려 사용된 도구다.
② 29~31절 : 남은 자 유다거민은 2년간 추수를 못하게 되더라도 식량문제를 해결해 삶에 어려움이 없게 하겠다.
③ 32~34절 : 예루살렘이 앗수르에 의해 멸망하지 않는다.

❶ 이사야

❷ 낯을 벽으로 향하여 통곡하며 기도

❸ ① 삼일 만에 병을 치료 해주시고, 15년 생명을 연장해 주심
② 앗수르 왕의 침략으로부터 다윗 때문에 예루살렘 성을 보호해 주심

❹ 왕궁과 그의 나라 안에 있는 모든 것을 다 보여줌

❺ 여호와의 말씀이 선하니이다(19절).

❶ 55년

❷ 이방 사람의 가증한 일을 따라 행함(이방 사람들은 그 가증한 일 때문에 가나안에서 쫓겨남)

❸ 성전에 우상의 제단을 쌓고(4절), 아세라 목상을 세움(7절)

❹ '사마리아를 잰 줄과 아합의 궁을 달아본 추'를 사용하여 예루살렘을 심판하심 그 결과 설거지하여 엎어 놓은 그릇처럼 됨(13절)

❺ 아몬

❶ 즉위 18년, 율법책 발견

❷ 요시야 → 서기관 사반 → 대제사장 힐기야 → 감독자 → 공장 → 목수, 건축자, 미장

❸ 죄를 발견하고 옷을 찢음

❹ 5명의 신하(힐가야, 아히감, 악볼, 사반, 아사야)에게 요시야왕 자신과 백성과 온 유다를 위하여 발견한 책의 말씀(율법)에 대하여 여호와께 물으라.

❺ 범죄 한 유다 백성에게 율법책의 기록대로 진노와 재앙과 저주를 내리신다. 말씀을 듣고 회개하는 요시야에게는 평안을 주시고 그의 생애에는 재앙이 임하지 않는다.

❶ 언약 갱신(유다와 예루살렘의 모든 장로를 불러 율법책을 읽어주고 언약의 말씀대로 순종하기로 약속함)

❷ 불사르고, 빻아 가루로 만들어 기드론 시내에 버림

❸ 우상숭배가 지속되었음을

❹ 제단 위에서 죽이고, 해골을 제단에서 불사름

❺ 사사시대 이후 언약 책에 기록된 대로 지킨 가장 모범적인 절기

❶ 므낫세

❷ 바벨론 느브갓네살 왕

❸ 여호와의 말씀과 같이 됨

❹ 비천한 자(14절)

❺ 시드기야

25장

❶ 18개월

❷ 시드기야 앞에서 아들들을 죽이고,
시드기야의 두 눈을 빼고 놋 사슬에 결박하여 포로로 끌고 감

❸ 바벨론 시위대 장관 느브사라단에 의해 파괴됨(성전 왕궁 예루살렘의 모든 집을 불사르고 예루살렘 성벽을 헐고 성의 남은 자를 포로로 잡아가고, 비천한 자만 남겨 포도원 농부로 삼음)

❹ 갈대아인을 섬기고, 바벨론 왕을 섬기면 평안하리라.

❺ 포로로 잡혀간 지 37년 만에 여호야긴이 석방되고, 왕의 지위가 회복됨

성경대탐험 교재는
성도들을 참 그리스도인으로
세워가는 말씀 훈련 교재입니다.

하나님의 감동으로 기록된 성경 말씀만이
사람을 교훈하고 책망하며, 바르게 하고
의로 행하게 하여 영원한 생명으로 인도하는
가장 위대한 책이기 때문입니다.

성경이 이끌어 가는 목회지침서

성경대탐험 구약 ❼권

초판 1쇄 인쇄 2026년 1월 30일

지은이 배국순
발행인 김용성
기획·편집 출판사역팀
디자인 새힌기획
제 작 정주용
보 급 이대성

펴낸곳 요단출판사
등 록 1973.8.23. 제13-10호
주 소 07238) 서울특별시 영등포구 국회대로 76길 10
기 획 (02)2643-9155
보 급 (02)2643-7290 Fax(02)2643-1877
요단기독교서적 교회용품센터 (02)593-8715
대전침례회서관 (042)256-2109

값 12,000원

ISBN 978-89-350-2029-4 04230
978-89-350-0001-2 04230(세트)

- **세미나 문의 및 후원 :**
  - 성경대탐험 바이블 연구원(010-4118-6610)
  - 카카오톡 오픈 채팅 : BBB 성경대탐험 (pw: 0691)
  - 교회진흥원 교회사역팀 (02-2643-7380)